DERRIDA
UNA GUÍA ILUSTRADA

JEFF COLLINS
BILL MAYBLIN

DERRIDA
UNA GUÍA ILUSTRADA

Traducción de Lucas Álvarez Canga

tecnos

Título original: *Introducing Derrida: A Graphic Guide*

Diseño de cubierta:
Carlos Lasarte

© Icon Books Ltd., 2011
© Del texto (Jeff Collins) ICON BOOKS LTD., 1996
© De las ilustraciones, ICON BOOKS LTD., 2012
© De la traducción, LUCAS ÁLVAREZ CANGA, 2025
© De la edición española, EDITORIAL TECNOS
(GRUPO ANAYA, S. A.), 2025
C/ Valentín Beato, 21 - 28037 Madrid

PAPEL DE FIBRA
CERTIFICADA

ISBN: 978-84-309-9245-4
Depósito Legal: M-4502-2025

Printed in Spain

Índice

¿Quién fue Derrida? 11
¿Qué es la deconstrucción? 12
Líneas fronterizas 14
La titulación de Derrida una cuestión de honor 17
La cuestión de la filosofía 19
La cuestión del lenguaje filosófico 19
La crítica de la filosofía 20
«Jacques Derrida» 21
Leyendo los escritos de Derrida 23
La matriz viral 24
Indecidibilidad 25
Entre la vida y la muerte 26
Las oposiciones 28
El horror de la indeterminación 29
La inauguración por Platón de la filosofía 33
La farmacia de Platón 34
La cura para los productos farmacéuticos 40
El suplemento 42
El comodín 44
Mago y chivo expiatorio 45
El habla y la escritura 48
Fonocentrismo 49
¿Escribir es inútil y peligroso? 51
La metafísica y el logocentrismo 53
¿Cómo se establecen los fundamentos? 54
Derrida y la metafísica 55
Invertir 56
Desplazamiento 56
La metafísica de la presencia 57
La presencia y el habla 59
La represión de la escritura 62
El programa de los años 1960 63
Algunos fenomenólogos clave 64
Algunos estructuralistas clave 65
Ideas propias de una fenomenología pura 67

La lingüística de Saussure 70
… La escritura 74
La huella 78
Estructuralismo y fenomenología: las operaciones de Derrida 80
Estrategias: «la escritura» 82
Estrategias 83
Los cuatro campos de la *différance* 84
El desorden en la comunicación 86
El lenguaje ordinario 86
La garantía del contexto 87
Acontecimientos 88
Las decoloraciones del lenguaje 89
La lección de la escritura: la iterabilidad 91
Citas e injertos 92
La ley del posible fracaso 93
¿La comunicación? 94
Las firmas y las rúbricas 95
¿Deconstrucción? 99
¿La deconstrucción es…? 100
¿No es lo que crees? 101
La escritura y la literatura 106
Textos literarios, textos filosóficos 107
La contaminación 108
La escritura en los límites 109
La descomposición de la palabra 111
Leyendo a Mallarmé 112
Ulises gramófono 113
Otros síes 116
En el nombre de Joyce 117
Las tareas de la crítica 118
La apertura del texto 119
Glas 120
¿Un título? 123
¿Bordes y límites? 123
Filosofía, arte literario 124
La arquitectura 126
La arquitectura deconstructiva 127
El Parque de La Villette 128
La deconstrucción en el Parque 129
La *Folie* funcional 130
Colaboraciones: la filosofía y la arquitectura 134
Obra Coral 137
Sanciones y funciones 139
La reinscripción 140

El posmodernismo 141
Las artes visuales 142
Jasper Johns 143
La verdad en la pintura 144
La estética de Kant 146
Dentro/fuera 148
El *parergon* 149
Mémoires d'Aveugles 151
Butades y el origen de la pintura 153
La política y las instituciones 157
Escribir en torno a la política 159
Alineamientos y lealtades 160
Las disputas heideggerianas 161
La controversia con Paul de Man 164
La deconstrucción y el feminismo 168
Las coreografías 170
Marx y los marxismos 173
Los espectros de Marx 174
¿Las últimas palabras de la deconstrucción? 178

Bibliografía 181
Otras referencias 183
Agradecimientos 183
Biografías 183
Índice de nombres y conceptos 185

¿Quién fue Derrida?

Jacques Derrida fue un filósofo.
Sin embargo, nunca escribió nada
directamente filosófico.

Su obra ha sido calificada como
la más significativa del pensamiento
contemporáneo. Pero también
denunciada como la corrupción
de todos los valores intelectuales.

Derrida se ha vinculado de forma
célebre con algo denominado
DECONSTRUCCIÓN.
Sin embargo, de todos los
desarrollos de la filosofía
contemporánea, puede
que la deconstrucción
sea la más difícil de resumir...

¿Qué es la deconstrucción?

Ha habido muchas respuestas.

UNA FORMA DE HACER FILOSOFÍA

UNA FORMA DE LEER TEXTOS TEÓRICOS

UN DISPOSITIVO PARA CAUSAR PROBLEMAS

NO LO QUE CREES QUE ES

LA ÚLTIMA MODA EN TEORÍA LITERARIA

LA VENGANZA DE LA LITERATURA SOBRE LA FILOSOFÍA

UNA RESPUESTA TRAUMÁTICA A LAS CERTEZAS FILOSÓFICAS

UN ANTIGUO ERROR MEZCLA DE ESCEPTICISMO E IRRACIONALISMO

LA RESISTENCIA ANTE PREGUNTAS QUE COMIENZAN CON «¿QUÉ ES...?»

UNA REPETICIÓN DE TEMAS DEL IDEALISMO ALEMÁN QUE LLEVAN A UN CALLEJÓN SIN SALIDA

UN QUASI/TRANSCENDENTALISMO

UN NEOHEIDEGGERIANISMO PELIGROSO

UNA RESPUESTA ÉTICA A LA COMPLACENCIA CONCEPTUAL

UN HERMETISMO INNECESARIO Y FRÍVOLO

UN ASALTO CONTINUADO A LA TRADICIÓN FILOSÓFICA OCCIDENTAL

Se ha dicho todo esto (y más) sobre la deconstrucción.
Pero hay algún consenso sobre un punto: su mayor
exponente ha sido Jacques Derrida.

Los escritos de Derrida socavan nuestras ideas habituales sobre textos, significados, conceptos e identidades, no solo en filosofía, sino también en otros campos.

Las reacciones ante su escritura han ido desde la crítica razonada hasta el puro abuso: la deconstrucción ha sido controvertida. ¿Debería ser vilipendiada como un nihilismo políticamente pernicioso, celebrada como una filosofía de la elección radical y de la diferencia... o qué?

Hay mucho más en la obra de Derrida de lo que sugieren las controversias públicas. Pero la controversia puede revelar algo sobre lo que está en juego en la filosofía contemporánea. Una pequeña disputa en Cambridge causó precisamente eso...

LÍNEAS FRONTERIZAS

De acuerdo con una tradición que data de 1479, las universidades inglesas conceden títulos honoríficos a personas distinguidas. Nunca está claro el por qué. Pero se supone que ambas partes se benefician.

El 21 de marzo de 1992 se reunieron altos cargos de la Universidad de Cambridge para decidir sus distinciones anuales. Debería haber sido una formalidad, no se habían opuesto a ningún candidato en veintinueve años. Pero en la lista estaba el nombre Jacques Derrida. Cuatro de los *dons* declararon ritualmente *non placet*. Eran el Dr. Henry Erskine-Hill, *Reader* de Historia literaria; Ian Jack, profesor de Literatura inglesa; David Hugh Mellor, profesor de Filosofía; Raymond Ian Page, profesor en Bosworth de anglosajón. Forzaron a la universidad a que se hiciera una votación.

Había dos problemas. Primero, era una disputa sobre límites. La mayoría de los proponentes de Derrida eran miembros de la facultad de inglés, pero por formación y profesión, Derrida era un filósofo. Pero de forma más mordaz, los tradicionalistas de Cambridge en ambas disciplinas consideraban el pensamiento de Derrida como profundamente inadecuado, ofensivo y subversivo.

Se organizaron campañas y se alertó a la prensa. Para los *dons* indignados, Derrida representaba una rama insidiosa y a la moda de la «teoría francesa». Atacaban las actitudes anglosajonas…

LA FILOSOFÍA ACADÉMICA FRANCESA ESTÁ CONTROLADA MEDIANTE UN SISTEMA DE MANDARINES, GURÚS Y MODAS. NORMALMENTE LOS FILÓSOFOS BRITÁNICOS LA CONSIDERAN COMO CARENTE DE LOS MISMOS ESTÁNDARES DE PRECISIÓN, CLARIDAD Y RIGOR QUE QUERRÍAMOS (DAVID-HILLEL RUBEN).

MUCHA GENTE INVOCA ALGO LLAMADO «TEORÍA», LO QUE CONSIDERO QUE NO DEBERÍA ADMITIR UN FILÓSOFO PROPIAMENTE DICHO. ¿QUÉ TIPO DE ESCRITOR ES DERRIDA? ¿ES UN TEÓRICO FRACASADO? SI NO ES UN TEÓRICO, ¿ENTONCES QUÉ ES? (HENRY ERSKINE-HILL).

LOS FRANCESES DESTACAN POR FABRICAR TÉRMINOS DE SENTIDO CAMBIANTE, LO QUE HACE IMPOSIBLE DETECTAR EN QUÉ PUNTO UNA ESPECULACIÓN FILOSÓFICA SE CONVIERTE EN UN GALIMATÍAS. LA DECONSTRUCCIÓN ES UNA TEORÍA QUE PARECE PRESTARSE MÁS FÁCILMENTE AL BALBUCEO Y A LA OFUSCACIÓN (PETER LENNON).

Había cuestiones políticas...

ESTAS SON DOCTRINAS ABSURDAS CON IMPLICACIONES DESOLADORAS... PRIVAN A LA MENTE DE SUS DEFENSAS CONTRA IDEOLOGÍAS Y REGÍMENES PELIGROSAMENTE IRRACIONALES (PROF. DAVID MELLOR Y OTROS - PANFLETO ANTI-DERRIDA).

... y cuestiones de interpretación.

CONSIDERAR QUE SU PENSAMIENTO ES NIHILISTA SERÍA HALAGARLO CONSIDERANDO QUE ES INTELIGIBLE (PROF. BARRY SMITH EN *THE TIMES*).

19 académicos resumieron las acusaciones en una carta a *The Times*:

La titulación de Derrida una cuestión de honor

... Derrida se describe a sí mismo como un filósofo. Sin embargo, su influencia se ha sentido en un sorprendente grado casi en su totalidad en campos ajenos a la filosofía.

A los ojos de los filósofos y, ciertamente, a los de aquellos que trabajan en departamentos punteros de filosofía a lo largo del mundo, la obra de Derrida no reúne los estándares aceptados de claridad y rigor.

Los escritos de Derrida parecen consistir en gran parte en bromas y juegos de palabras. Parece haber estado a punto de hacer carrera trasladando al ámbito académico trucos y artimañas similares a las de los dadaístas o de los poetas concretos.

Muchos filósofos franceses ven en Derrida nada más que causa para un silencio bochornoso, sus payasadas han contribuido significativamente a la impresión generalizada de que la filosofía francesa contemporánea es poco más que un objeto de burla.

En nuestra opinión, los voluminosos escritos de Derrida estiran las formas normales de erudición académica más allá de que se las reconozca.

Sobre todo, sus obras emplean un estilo de escritura que desafía la comprensión. Cuando se hace el esfuerzo de penetrar en él, se vuelve claro que, cuando se hacen afirmaciones coherentes, estas son falsas o triviales.

Barry Smith
(editor, *The Monist*) y colegas de la Internationale Akademie für Philosophie, Lichtenstein, 6 de mayo (firmado por otros 18).

A Derrida se le acusa de oscurantismo, ofuscación y de ser un charlatán. No es un filósofo, es un trilero. Y, extrañamente, sus trucos de chistes triviales se consideran una poderosa amenaza para la filosofía, una corrosión de los cimientos mismos de la vida intelectual.

Pero Derrida tenía sus defensores, como Jonathan Rée:

«Los tradicionalistas ofrecían un mero y débil argumento de autoridad. Estaban rechazando la posibilidad de disenso desde sistemas establecidos: una postura del «establishment», sí, pero apenas una postura filosófica...».

La votación del 16 de mayo reivindicó a Derrida y a sus simpatizantes por 336 votos a 204. Derrida recogió su galardón. Pero la disputa continuó.

AL EDITOR

... utilizar la mistificación como un arma defensiva o como una forma barata de parecer «profundo» continúa siendo de mala educación. A pesar de toda la brillantez de Derrida y de otros, su estilo intelectual corrompe, y la evidencia de su corrupción queda a la vista en la vida académica anglosajona en la que han echado raíces el posestructuralismo y el posmodernismo.

Prof. R. A. SHARPE, Departamento de Filosofía, Universidad de Gales

¿Qué está en juego? Bajo las poses había dos cuestiones importantes:

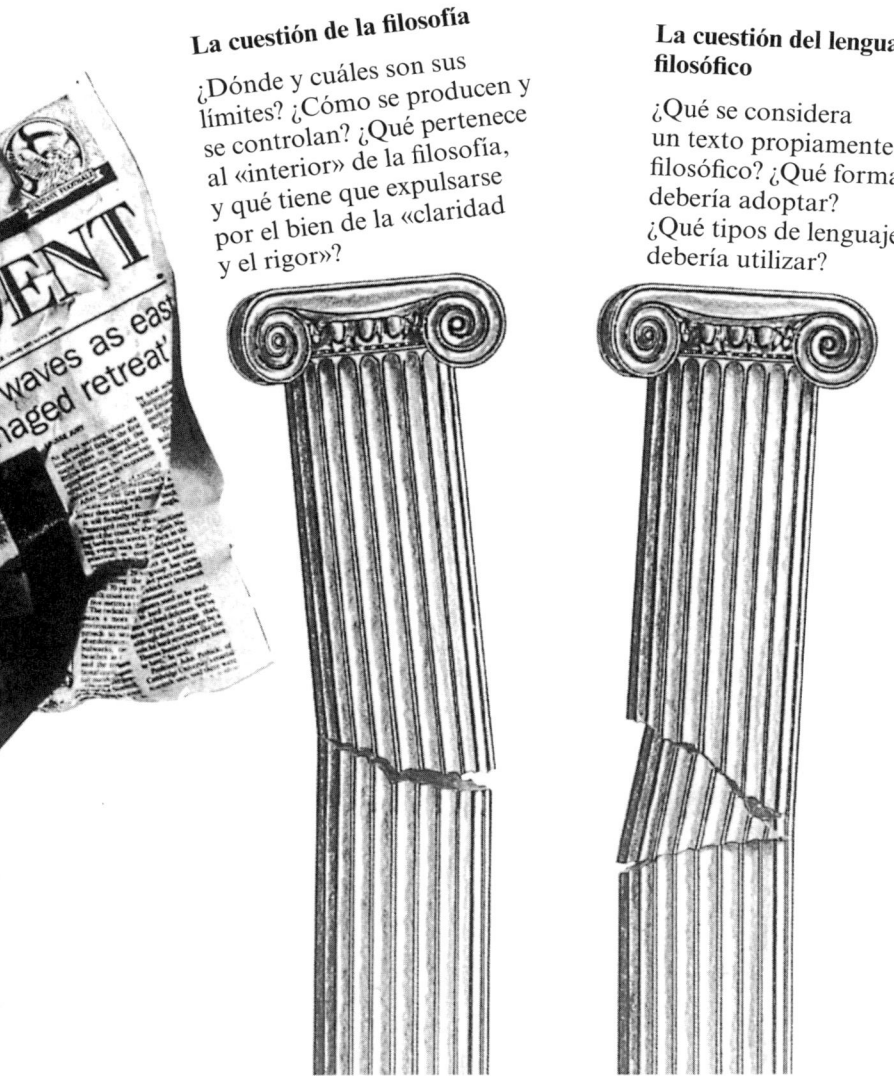

La cuestión de la filosofía

¿Dónde y cuáles son sus límites? ¿Cómo se producen y se controlan? ¿Qué pertenece al «interior» de la filosofía, y qué tiene que expulsarse por el bien de la «claridad y el rigor»?

La cuestión del lenguaje filosófico

¿Qué se considera un texto propiamente filosófico? ¿Qué forma debería adoptar? ¿Qué tipos de lenguaje debería utilizar?

Si los *dons* hubieran querido abordar una respuesta rigurosa a estas preguntas, bien podrían haberla encontrado en los escritos de un tal Jacques Derrida...

La crítica de la filosofía

La escritura de Derrida es una crítica radical a la filosofía. Cuestiona las nociones usuales de *verdad* y *conocimiento*. Desmantela ideas tradicionales sobre *procedimiento* y *representación*. Y cuestiona la *autoridad* de la filosofía.

> LA FILOSOFÍA ES, ANTE TODO, **ESCRITURA**. POR LO TANTO, DEPENDE FUNDAMENTALMENTE DE LOS ESTILOS Y DE LAS FORMAS DE SU LENGUAJE: DE LAS FIGURAS RETÓRICAS, DE LAS METÁFORAS, INCLUSO DEL DISEÑO DE LA PÁGINA, AL IGUAL QUE LO HACE LA **LITERATURA**.

Así, Derrida escribe «filosofía» de formas algo literarias. Esa es una de las causas del nerviosismo de Cambridge. La crítica de Derrida a la filosofía cuestiona los límites entre la filosofía y la literatura.

Derrida ha desestabilizado otras fronteras. Ha llevado su forma de hacer filosofía al arte, a la arquitectura, a la ley y a la política. Está comprometido con asuntos tales como el desarme nuclear, el racismo, el *apartheid*, la política feminista, la cuestión de las identidades nacionales, etc., incluyendo la autoridad de las instituciones docentes.

¿El perfil de un bufón?
Quizás, si estamos dispuestos
a replantearnos las bromas...

«Jacques Derrida»

En la época de la disputa de Cambridge, las credenciales institucionales de Jacques Derrida fueron reconocidas a nivel internacional.

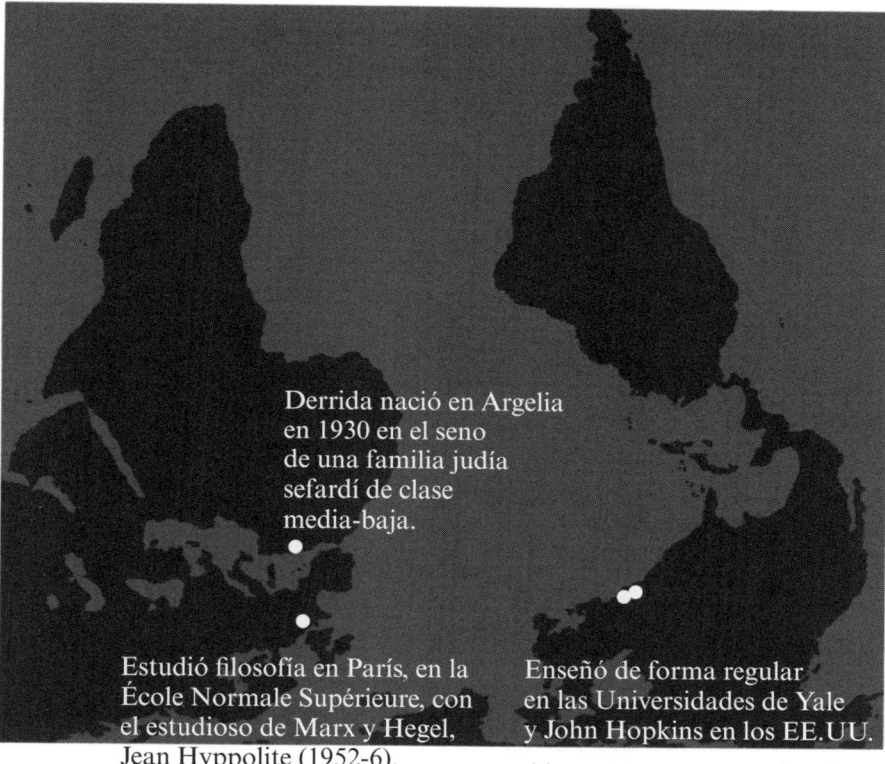

Derrida nació en Argelia en 1930 en el seno de una familia judía sefardí de clase media-baja.

Estudió filosofía en París, en la École Normale Supérieure, con el estudioso de Marx y Hegel, Jean Hyppolite (1952-6). Su obra sobre la fenomenología alcanzó reconocimiento con rapidez: le concedieron una beca en Harvard en 1956 y el Prix Cavaillès en 1962.

Enseñó filosofía en la Sorbona (1960-4) y en la École Normale Supérieure (1964-84). Desde 1984 fue el director de estudios en la École des Hautes Études en ciencias sociales. Todas estas son instituciones de renombre.

Enseñó de forma regular en las Universidades de Yale y John Hopkins en los EE.UU. Alarmantemente para los *dons* de Cambridge, sus ideas eran atractivas. A comienzos de los años 1980 la «deconstrucción de Yale» había hecho familiar para un amplio grupo de lectores anglófonos el nombre de Derrida, que se convirtió en uno de los más conocidos a nivel internacional de la filosofía contemporánea. Murió en París el 8 de octubre de 2004.

Entonces, ¿era Jacques Derrida una figura del *establishment*? No por completo...

En 1957 Derrida planificó una tesis doctoral sobre la fenomenología de Husserl. Pero la abandonó.

¿ES POSIBLE ESCRIBIR SOBRE LA ESCRITURA FILOSÓFICA DENTRO DE LOS LÍMITES DE UNA TESIS ACADÉMICA? ¿NO TENDRÍA QUE LLEVAR A CABO LO QUE ARGUMENTA Y, POR TANTO, TENER QUE ESTAR ESCRITA DE UNA FORMA DIFERENTE? ¿QUÉ PASARÍA SI LOS EXAMINADORES INSISTIERAN EN LOS PROTOCOLOS FILOSÓFICOS ESTANDARIZADOS QUE PRETENDO CUESTIONAR?

Fenomen

Psicoa

Filoso

Por el contrario, Derrida se embarcó en una serie de encuentros críticos con la filosofía, la literatura y la teoría occidentales.

En la **filosofía** esto incluía al idealismo alemán (Kant y Hegel), la fenomenología y sus críticos (Husserl, Heidegger y Lévinas), y los escritos de Platón, Rousseau, Nietzsche y otros.

Entre los escritores **literarios**, destacaban Mallarmé, Jabès, Artaud, Kafka, Joyce, Blanchot y Ponge.

Entre 1965 y 1972 Derrida estuvo en contacto con el grupo *Tel Quel* formado por Philippe Sollers, Julia Kristeva, Roland Barthes y otros. Debatieron la teoría contemporánea, especialmente el psicoanálisis, el estructuralismo y el marxismo.

Marxismo

ogía

Literatura Arte

álisis Estructuralismo

a

Leyendo los escritos de Derrida

La crítica de Derrida hacia la filosofía no es una crítica al uso. No está redactada de la forma habitual.

Derrida no adopta ninguna *posición* fija de entre las tendencias y tradiciones enfrentadas. No se limita a *defender* o *refutar* ninguna de ellas. No presenta ninguna *teoría* general, *conceptos, métodos* o *proyectos* propios.

Así, es imposible resumir los escritos de Derrida. En sus términos no tiene ningún concepto o método «básico» que poder elegir y explicar. Sin embargo, alude de forma constante a una amplia variedad de ideas occidentales. A menudo es estratégicamente enrevesado. Desobedece los procedimientos usuales: comenzar por el principio, plantear la exposición, hacer propuestas, alcanzar una conclusión, etc.

Los *dons* de Cambridge estaban en lo correcto. La escritura de Derrida es difícil y, quizás, subversiva. Tiene rigor y lógica, pero en un orden poco familiar.

¿Existe alguna forma de comenzar a leer esta manera de escribir?

La matriz viral

Aun a pesar de que la escritura de Derrida no tiene conceptos
o métodos que puedan extraerse, podemos atender a lo *que hace*,
a los *efectos* que conlleva.

Derrida ofrece una forma de pensar estos efectos. Dicho por él mismo,
su escritura tiene una matriz. Sus dos ramas son la COMUNICACIÓN
DESCARRILADA y la INDECIDIBILIDAD. Derrida encuentra
ambas en la figura del **virus**.

TODO LO QUE HE HECHO ESTÁ DOMINADO
POR EL PENSAMIENTO DE UN VIRUS,
SIENDO EL VIRUS MUCHAS COSAS.
SIGUE DOS HILOS.

UNO, EL VIRUS INTRODUCE DESORDEN
EN LA COMUNICACIÓN,
INCLUSO EN LA ESFERA BIOLÓGICA: UN
DESCARRILAMIENTO EN LA CODIFICACIÓN
Y EN LA DESCODIFICACIÓN.

DOS, UN VIRUS NO ES UN MICROBIO. NO ES
ALGO VIVO NI INERTE, NO ESTÁ VIVO NI
MUERTO. SIGUE ESTOS HILOS Y DESCUBRIRÁS
LA MATRIZ DE TODO LO QUE HE HECHO DESDE
QUE COMENCÉ A ESCRIBIR.

Podemos tomar, en primer lugar, este segundo hilo: INDECIDIBILIDAD.
Si el virus *no* es algo vivo ni inerte, entonces es desconcertadamente
indecidible. Como veremos, la indecidibilidad es una amenaza para
los cimientos tradicionales de la filosofía. Pero también es un hilo
que se puede recoger desde «fuera» de la filosofía, en el cine...

El zombi ha llegado tarde a la cultura occidental. Aparece en la religión de los africanos occidentales esclavizados en Haití desde el siglo XVII. Durante doscientos años los colonialistas occidentales representaron el «vudú» como una religión terrorista de sacrificios de sangre y atrocidades caníbales.

Pero el zombi es un tipo de terror diferente: un cuerpo sin alma, mente, voluntad o voz. Se dice que es un cadáver reactivado, o un cuerpo vivo sin alma ni mente por culpa de la brujería.

Entre la vida y la muerte

El zombi entró en la cultura popular occidental a finales de los años 1920. *White Zombie* estableció la fórmula para Hollywood en 1932: la ciencia blanca se encuentra con la magia negra.

Es un encuentro angustioso. ¿Qué pasa si no se sostiene la distinción racionalista occidental entre la «vida» y la «muerte»?

La angustia ha tomado muchas formas. Los zombis han figurado como amantes catatónicos, policías de barrio, invasores de la estratosfera, militares, animadores de discotecas, y así sucesivamente.

> PERO, INDEPENDIENTEMENTE DEL ESCENARIO, EL ZOMBI TIENE UN MODELO BÁSICO: **VIVO PERO MUERTO, MUERTO PERO VIVO.** EN UNA CULTURA QUE SEPARA LO VIVO DE LO MUERTO, EL ZOMBI OCUPA EL ESPACIO ENTRE AMBOS.

Entre la vida y la muerte: es un espacio incierto. El zombi puede estar O vivo O muerto. Pero atraviesa estas categorías: está TANTO vivo COMO muerto. E, igualmente, no está NI vivo NI muerto, ya que no puede adoptar el sentido «pleno» de estos términos. La verdadera vida debe excluir la verdadera muerte. El zombi cortocircuita la lógica usual de esta distinción. Al compartir ambos estados, no posee ninguno. Pertenece a un orden de cosas diferente: en términos de vida y muerte, *no se puede decidir*.

De acuerdo con Hollywood, el zombi es un «secreto en el que debemos negarnos a creer, incluso si es cierto».

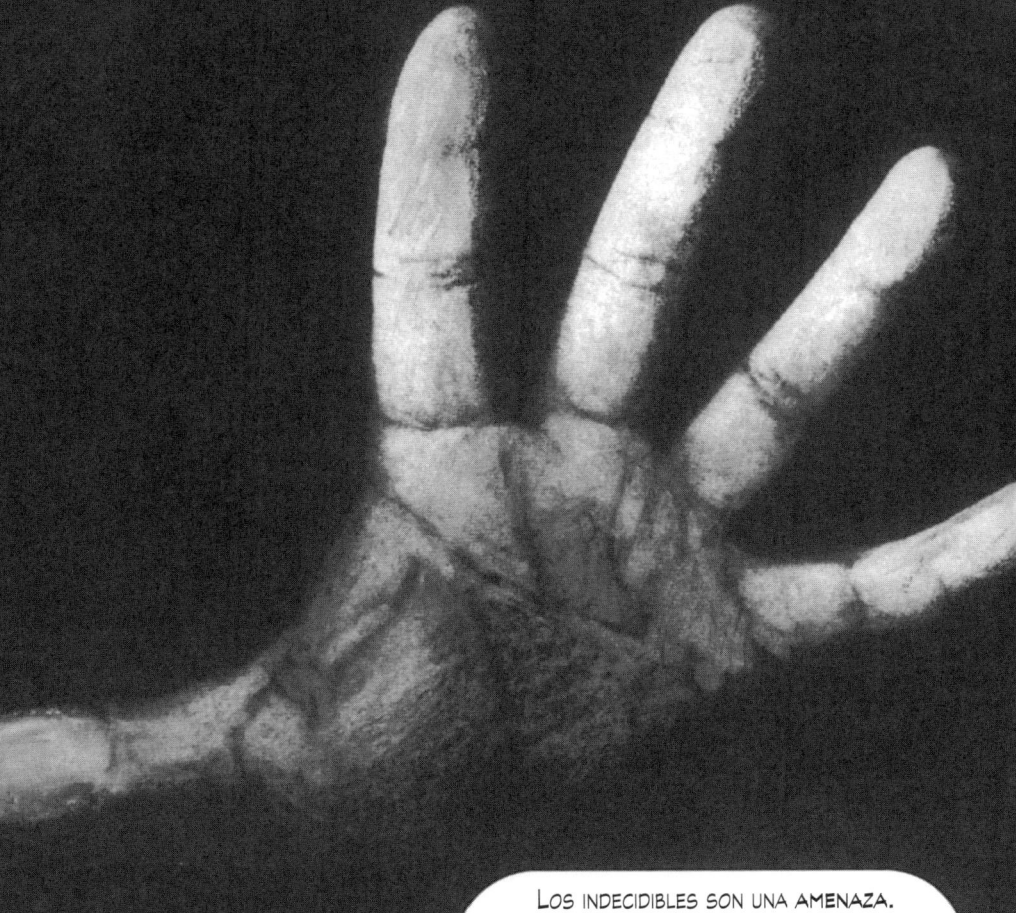

LOS INDECIDIBLES SON UNA AMENAZA. ENVENENAN LA RECONFORTANTE SENSACIÓN DE QUE HABITAMOS UN MUNDO REGIDO POR CATEGORÍAS DECIDIBLES.

Las oposiciones

Los términos «vida» y «muerte» conforman una OPOSICIÓN BINARIA: un par de términos contrapuestos, cada uno de los cuales depende del otro para su sentido. Existen muchas oposiciones por el estilo, y todas están gobernadas por la distinción O / O. Si aceptamos esto, se establece un orden conceptual. Las oposiciones binarias clasifican y organizan los objetos, acontecimientos y relaciones del mundo. Hacen posible tomar decisiones. Y gobiernan el pensamiento de la vida cotidiana, así como la filosofía, la teoría y las ciencias.

ALTO — BAJO
VERDADERO — FALSO
DERECHA — IZQUIERDA
OESTE — ESTE
MASCULINO — FEMENINO
MENTE — CUERPO
DENTRO — FUERA
POSITIVO — NEGATIVO
PRESENTE — PASADO
VIVO — MUERTO

Los indecidibles perturban esta lógica de oposición. Se deslizan a ambos lados de una oposición, pero no encajan en ninguna de ambas partes. Son más de lo que permite la oposición. Y por este motivo, cuestionan el principio mismo de «oposición».

El horror de la indeterminación

Los zombis son inscripciones cinematográficas del fracaso de la oposición «vida/muerte». Muestran dónde se quiebra el orden clasificatorio: marcan los límites del orden.

Como todos los indecidibles, los zombis infectan las oposiciones agrupadas en torno a ellos. Tales oposiciones **deberían** establecer categorías estables, claras y permanentes.

Pero, ¿qué ocurre con «blanco/negro», «amo/esclavo», y «civilizado/primitivo», cuando los colonialistas blancos también pueden ser esclavos zombis de un poder negro? ¿Puede la «ciencia blanca/magia negra» continuar sin problemas, si lo que a veces funciona contra un zombi es *magia blanca*, la religión cristiana, el poder del amor o la moralidad superior? ¿Cómo de cierta es la oposición «dentro/fuera», si se ha extraído el alma interna del zombi y una fuerza externa se convierte en su interior? ¿Hay alguna seguridad a la hora de oponer «masculino» a «femenino» y «bueno» a «malo», cuando el zombi normalmente carece de sexualidad y no tiene poder de decisión?

Por tanto, el zombi
es fascinante
y también horrible.
Envenena el sistema
de orden y, como
todos los
indecidibles,
debería volver
al orden.

En las películas de zombis, esta vuelta al orden es difícil. Para un final satisfactorio clásico se tiene que eliminar el elemento problemático, quizás matándolo. Pero los zombis ya están muertos (aunque vivos). No se puede matar a un zombi, hay que resolver ese problema. Tiene que «matarse» de forma categórica, eliminando su indecidibilidad. Un agente mágico o poder superior tendrá que *decidir* que el zombi vuelva a un lado de la oposición o al otro. Tiene que convertirse en un auténtico cadáver o en un verdadero ser vivo.

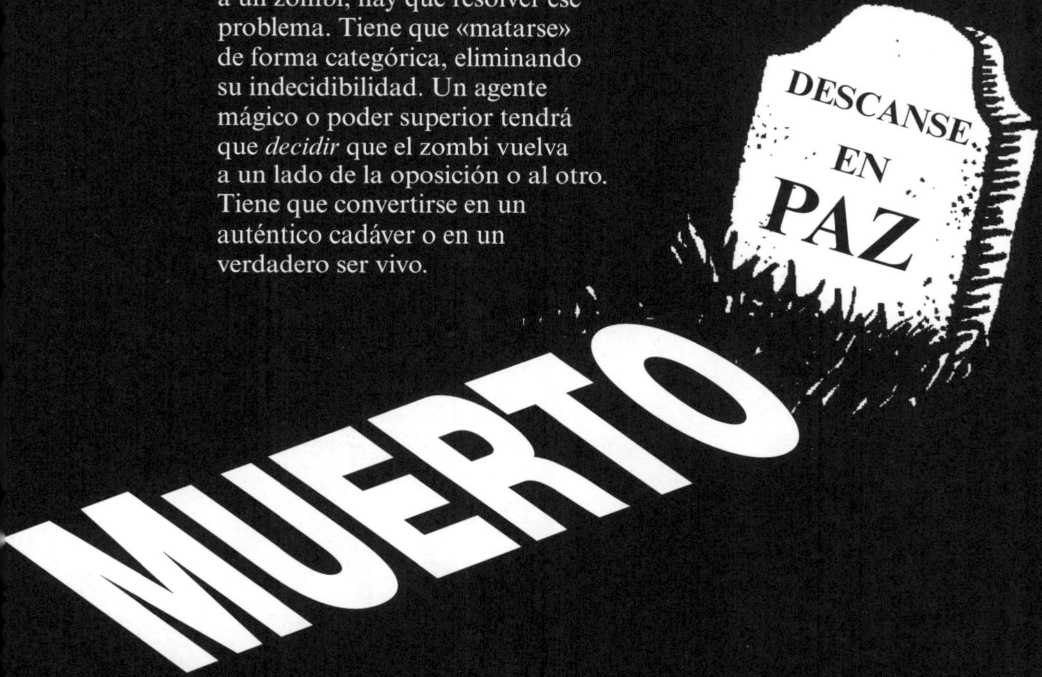

DESCANSE
EN
PAZ

MUERTO

En este momento los conceptos familiares de vida y muerte pueden volver a gobernar sin dificultades. Se trata de una restauración del orden conceptual.

Existen otros finales, menos definitivos. Puede que los zombis no se puedan erradicar, puede que vuelvan. Quizás la indecidibilidad esté siempre con nosotros. Si no con la figura del zombi, en otra cosa: los fantasmas, los gólems o los vampiros, entre la vida y la muerte. Entre masculino y femenino, el andrógino. Entre humano y máquina, el androide. Entre amigos y enemigos, el extraño...

La inauguración por Platón de la filosofía

Derrida argumenta que la indecidibilidad es un componente de la filosofía occidental, pero que la filosofía debe negarse a reconocer, o ya no será «filosofía» como la conocemos. (Es una «verdad que debemos negarnos a creer»...).

Derrida detecta el juego de la indecidibilidad incluso en los textos fundacionales de la tradición occidental, como los de **Platón** (428-327 a.C.). Alumno de Sócrates y fundador de la Academia Ateniense, escritor sobre ética, política, leyes y metafísica, Platón es una figura inaugural de la filosofía occidental y de gran influencia en el pensamiento posterior.

PARA MÍ, EL RAZONAMIENTO SOCRÁTICO ES LA ÚNICA RUTA VERDADERA HACIA EL CONOCIMIENTO.

Platón contrapone el amor a la razón y a la verdad frente a todos los proveedores de falsa sabiduría: los sofistas y los retóricos, cuyo persuasivo juego de palabras engaña al inexperto; y los poetas, mitólogos y cuentacuentos que meramente imitan la naturaleza o «repiten-sin-saber». La verdadera filosofía es el empleo activo de la razón.

Entonces, ¿cómo lee Derrida a Platón?

La farmacia de Platón

En *La farmacia de Platón* (1969) Derrida se centra en el *Fedro*, una conversación ficticia entre dos personajes históricos: Sócrates y Fedro, un joven ateniense convencido por los retóricos. El tema: los méritos relativos del amante y del no amante, como compañeros sexuales y como pensadores. O quizás el tema sean los méritos relativos de la retórica y de la filosofía (o quizás, los méritos del habla y de la escritura).

¿Es agradable escribir? ¿Posee el escritor una figura respetable? ¿Es apropiado escribir? Por supuesto que no. Pero Sócrates no va a utilizar el argumento racional. El mito dará el primer golpe...

Por lo que respecta a las palabras, ¿sabes qué será más del agrado de los dioses?

No, no lo sé. ¿Y tú?

Bueno, puedo contarte lo que he escuchado de nuestros predecesores...

... dicen que vivía en Naucratis uno de los antiguos dioses de este país, un dios inventor cuyo nombre era Theuth.

Inventó los números, el cálculo, la geometría y la astronomía, así como juegos de damas y dados, y sobre todo...

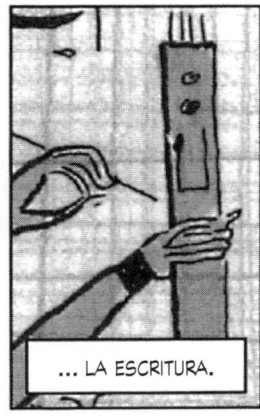

... la escritura.

POR ENTONCES, EL GRAN REY-DIOS DE TODO EL ALTO EGIPTO ERA THAMUS, LOS GRIEGOS LO LLAMAN AMÓN. THEUTH SE PRESENTÓ ANTE ÉL Y LE MOSTRÓ SUS INVENCIONES, DICIENDO QUE DEBERÍAN DARSE A CONOCER ENTRE TODOS LOS EGIPCIOS...

SUS INVENCIONES NO TENDRÁN VALOR A MENOS QUE EL REY-DIOS LAS APRUEBE.

THAMUS LAS INVESTIGÓ TODAS ELLAS, CONDENANDO ALGUNAS Y ALABANDO OTRAS. LE LLEVÓ MUCHO TIEMPO REVISARLAS TODAS. PERO CUANDO LLEGÓ A LA ESCRITURA...

ESTA RAMA DEL SABER, MI SEÑOR, HARÁ QUE LOS EGIPCIOS SEAN MÁS SABIOS Y MEJOREN SU MEMORIA, PUES HE DESCUBIERTO UN *PHARMAKON* PARA LA MEMORIA Y LA SABIDURÍA.

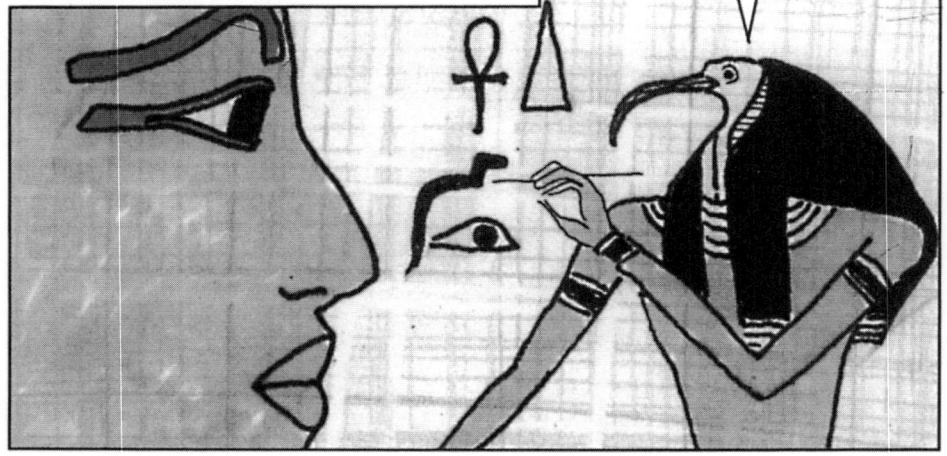

Pharmakon es una palabra griega que se podría traducir como «poción mágica». Otras traducciones inglesas han utilizado «receta», «recibo», «específico», «cura» y «remedio». Pero como señala Derrida, *pharmakon* es una palabra especialmente ambigua.

En griego, *pharmakon* significa tanto cura como veneno. Como la palabra inglesa «*drug*», tiene aspectos buenos y malos. Algunas traducciones resuelven el problema eliminando uno de los polos. Pero *pharmakon* es INDECIDIBLE, habitando tanto lo curativo como lo venenoso.

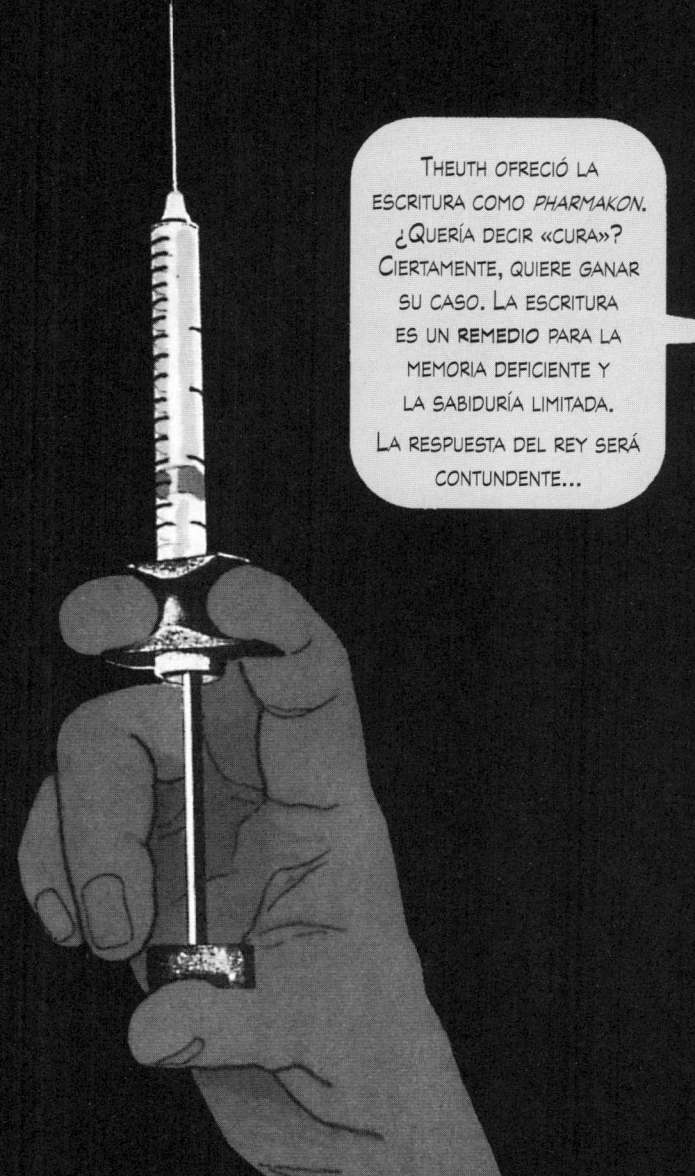

THEUTH OFRECIÓ LA ESCRITURA COMO *PHARMAKON*. ¿QUERÍA DECIR «CURA»? CIERTAMENTE, QUIERE GANAR SU CASO. LA ESCRITURA ES UN REMEDIO PARA LA MEMORIA DEFICIENTE Y LA SABIDURÍA LIMITADA.

LA RESPUESTA DEL REY SERÁ CONTUNDENTE...

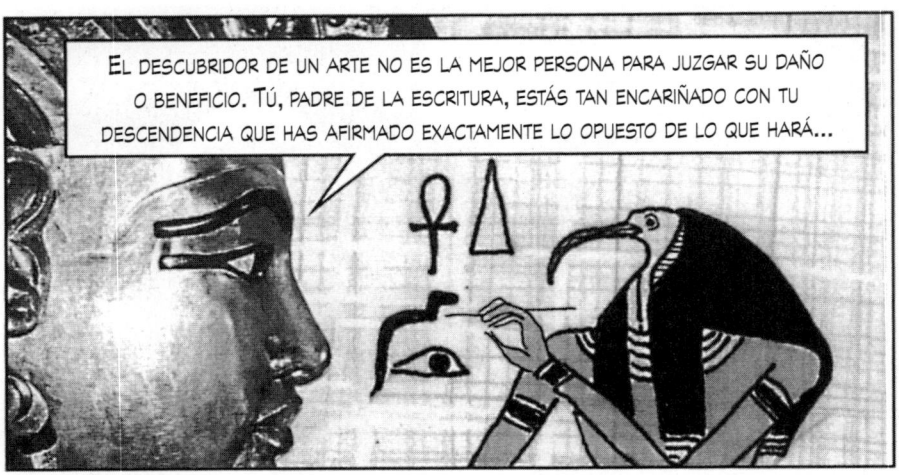

EL DESCUBRIDOR DE UN ARTE NO ES LA MEJOR PERSONA PARA JUZGAR SU DAÑO O BENEFICIO. TÚ, PADRE DE LA ESCRITURA, ESTÁS TAN ENCARIÑADO CON TU DESCENDENCIA QUE HAS AFIRMADO EXACTAMENTE LO OPUESTO DE LO QUE HARÁ...

AQUELLOS QUE ESCRIBAN DEJARÁN DE EJERCER SU MEMORIA Y SE VOLVERÁN OLVIDADIZOS. DEPENDERÁN DE LAS MARCAS **EXTERNAS** DE LA ESCRITURA EN LUGAR DE SU CAPACIDAD INTERNA PARA RECORDAR COSAS. HAS DESCUBIERTO UN *PHARMAKON* PARA RECORDAR, NO PARA LA VERDADERA MEMORIA...

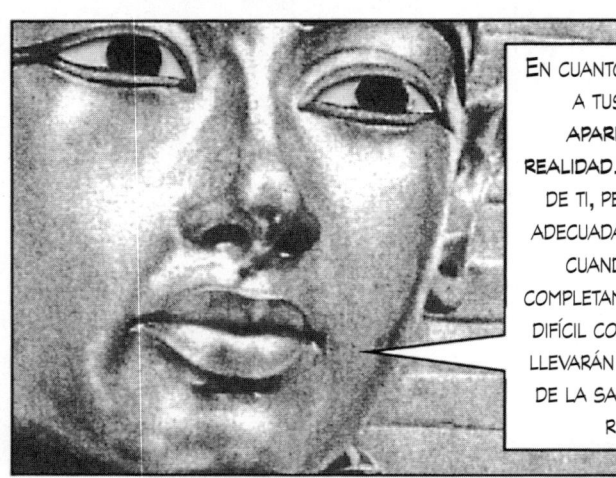

EN CUANTO A LA SABIDURÍA, OFRECES A TUS ALUMNOS UNA MERA **APARIENCIA** DE ELLA, NO LA **REALIDAD**. RECIBIRÁN MUCHAS COSAS DE TI, PERO SIN UNA INSTRUCCIÓN ADECUADA. PARECERÁN ENTENDIDOS CUANDO SERÁN EN REALIDAD COMPLETAMENTE IGNORANTES. Y SERÁ DIFÍCIL CONGENIAR CON ELLOS, PUES LLEVARÁN CONSIGO EL ENGREIMIENTO DE LA SABIDURÍA, EN LUGAR DE SER REALMENTE SABIOS.

LO QUE DICE TU TEBANO ES BASTANTE SÓLIDO, ESTOY SEGURO.

COMO LOS CUADROS DE RETRATOS, LA ESCRITURA NO TIENE VIDA. NO PUEDE RESPONDER CUANDO SE LE PLANTEA UNA PREGUNTA, Y LA ESCRITURA SE PUEDE ESPARCIR POR TODAS PARTES, ENTRE AQUELLOS QUE COMPRENDEN Y ENTRE LOS QUE NO TIENEN NADA QUE HACER CON ELLA.

NO PUEDE SABER A QUIÉN DEBERÍA HABLAR. CUANDO SE ABUSA DE ELLA INJUSTAMENTE NECESITA A SU PADRE PARA QUE LA APOYE. PUES ES COMPLETAMENTE INCAPAZ DE AYUDAR O DEFENDERSE POR SÍ MISMA.

LA ESCRITURA ESTÁ CONDENADA: LA MEMORIA REAL SE REDUCIRÁ, LA VERDADERA EDUCACIÓN SE CORROMPERÁ, EL CONOCIMIENTO FALSO SUSTITUIRÁ A LA VERDADERA SABIDURÍA. LA ESCRITURA NO TIENE VIDA, ES HUÉRFANA E INÚTIL.

Pero Theuth la ofreció como un *pharmakon*. Thamus, con toda la autoridad del rey de reyes y dios de dioses, la devuelve decidido. **¡La escritura es un veneno!**

La cura para los productos farmacéuticos

La escritura como un indecidible ha vuelto «decidida». Derrida quiere mantenerla en juego.

Muestra cómo el argumento de Platón depende, en todo momento, de un conjunto de oposiciones simples y claras:

Bien/mal,

Dentro/fuera,

Verdadero/falso,

Esencia/apariencia,

Vida/muerte.

La definición de Platón de la escritura está insertada en estas oposiciones. El habla es **buena**, la escritura **mala**. La verdadera memoria es **interna**, el recordatorio escrito es **externo**. El habla conlleva la **esencia** del conocimiento, la escritura su **apariencia**. Los signos hablados están **vivos**, mientras que las marcas escritas **no tienen vida**.

Si uno se pusiera a pensar que algo como el *pharmakon* gobernaba estas oposiciones, tendría que doblar en extrañas contorsiones lo que ya no podría denominarse simplemente «lógica».

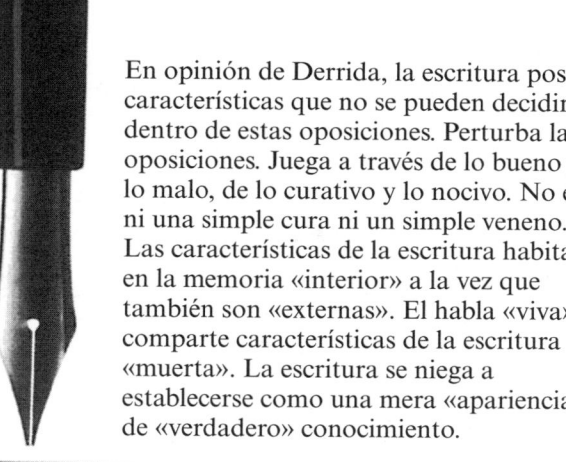

En opinión de Derrida, la escritura posee características que no se pueden decidir dentro de estas oposiciones. Perturba las oposiciones. Juega a través de lo bueno y lo malo, de lo curativo y lo nocivo. No es ni una simple cura ni un simple veneno. Las características de la escritura habitan en la memoria «interior» a la vez que también son «externas». El habla «viva» comparte características de la escritura «muerta». La escritura se niega a establecerse como una mera «apariencia» de «verdadero» conocimiento.

Ni siquiera Platón lo puede evitar. Recurre a metáforas de la escritura para describir el «verdadero» conocimiento y la memoria «interna».

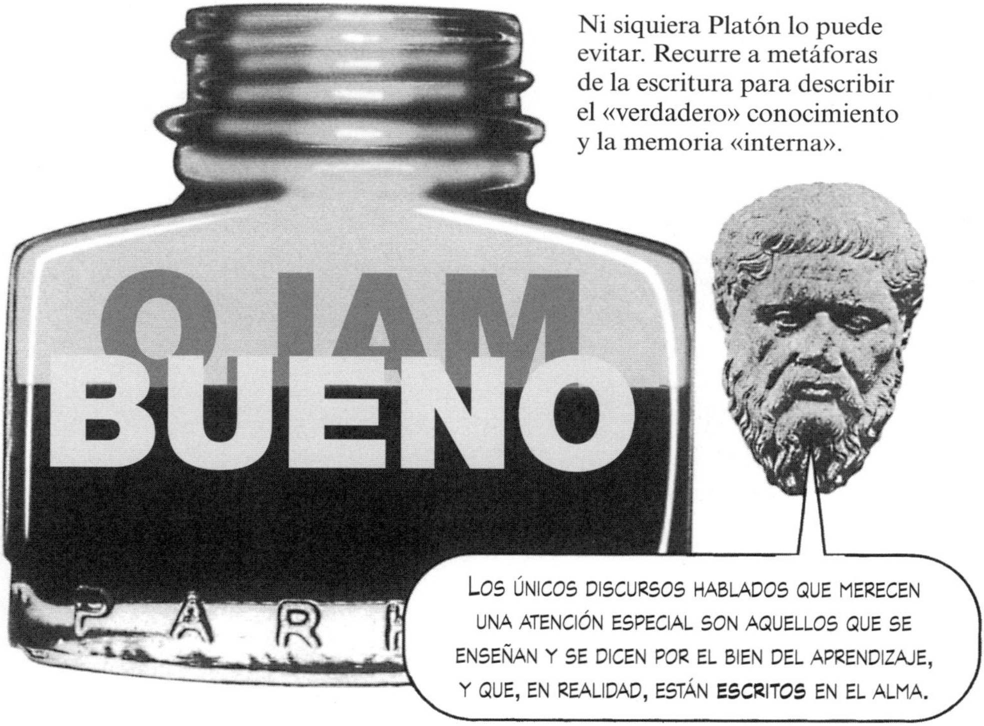

LOS ÚNICOS DISCURSOS HABLADOS QUE MERECEN UNA ATENCIÓN ESPECIAL SON AQUELLOS QUE SE ENSEÑAN Y SE DICEN POR EL BIEN DEL APRENDIZAJE, Y QUE, EN REALIDAD, ESTÁN **ESCRITOS** EN EL ALMA.

LA ESCRITURA COMO *PHARMAKON* NO PUEDE FIJARSE DENTRO DE LAS OPOSICIONES DE PLATÓN. EL *PHARMAKON* NO TIENE UN CARÁCTER PROPIO O DETERMINADO. ES EL JUEGO DE LAS POSIBILIDADES, LOS MOVIMIENTOS ADELANTE Y ATRÁS, ADENTRO Y AFUERA DE LOS OPUESTOS.

41

El suplemento

Una vez que se libera la lógica aberrante del *pharmakon*, envenena la fijeza y la claridad de las demás oposiciones que se agrupan a su alrededor. Por ejemplo, el argumento de Platón se basa en padre/hijo, egipcio/griego, original/derivación. ¿Podemos estar seguros de ellos?

Comienzan a desenredarse en manos de Derrida. Se vuelve hacia el mito egipcio «original», en donde los personajes son Thoth y el rey Amón. Thoth es el hijo del dios Sol, Amón.

Derrida introduce el SUPLEMENTO. Thoth es el suplemento de Amón. La palabra francesa *supplément* significa tanto adición como sustitución. El suplemento extiende y reemplaza: al igual que un suplemento alimenticio añade algo a la dieta y forma parte de ella.

El suplemento obedece una lógica extraña.

Ser una adición implica añadirse a algo que ya está completo...

... sin embargo, no puede estarlo si necesita una adición. El rey está completo y tiene una adición. Al necesitarla, el rey no está aún completo.

El suplemento se extiende por repetición. El hijo del rey tiene la misma sangre y es la extensión del rey. Pero el suplemento se opone sustituyéndolo. El hijo del rey usurpará al rey, ocupará su lugar.

La declaración: «¡El rey ha muerto, viva el rey!» debe escapar a la lógica estándar. Sigue la lógica del suplemento. El rey debe ser *el mismo pero diferente*: figura dos veces, como rey-padre y como rey-suplemento.

Así, Thoth se opone a su rey-padre, pero se opone a lo que él mismo repite. Se opone a sí mismo. **Thoth, el semidios, es indecidible**. Y también lo es Theuth, su contrapartida griega...

El comodín

«Así, Theuth es el otro padre,
el padre, y él mismo. No se le
puede asignar una ubicación
fija en este juego. Astuto,
escurridizo y enmascarado,
un intrigante y una carta, no
es ni rey ni sota, sino más bien
una especie de *comodín*, un
significante que flota, una carta
libre, que añade juego al propio
juego». Y este comodín es
el inventor del juego, de
los juegos de damas,
de dados, etc.

Cada acto suyo está
marcado por una
ambivalencia inestable.
Es el dios del cálculo,
de la aritmética y de la ciencia
racional. También preside las
ciencias ocultas, la astrología
y la alquimia. Es el dios
de la fórmula mágica, de
los relatos secretos, de los
textos ocultos. También es
el dios de la *medicina*. El dios
de la escritura es el dios
del *pharmakon*...

¿Es posible entonces que
Theuth haya querido decir
simplemente que la escritura
es un «remedio»? ¿No está el
semidiós indecidible condenado
a inventar indecidibles?
¿No solo remedios, sino
también *pharmakon*?
Y Derrida pregunta:
«¿No es el deseo de Theuth
de escribir un deseo de orfandad
y subversión parricida? ¿No es
este *pharmakon* una cosa
criminal, un regalo
envenenado?».

Mago y chivo expiatorio

Los intentos de Platón de fijar padres/hijos y original/derivado son también intentos de fijar la «filosofía». Pero la filosofía no tiene un remedio sencillo para los indecidibles. Derrida retoma algunas palabras relacionadas.

PHARMAKEUS, mago o hechicero, lo aplican al propio Sócrates sus acusadores y enemigos. ¿Trabaja Sócrates con *encantamientos*? ¿Se encuentra la hechicería de lo indecidible *dentro de* la filosofía? ¿Es esta una parte ineludible del método filosófico?

PHARMAKOS significa chivo expiatorio. Es un mal que se encuentra dentro de la ciudad que se debe expulsar para mantener la pureza de la ciudad. El chivo expiatorio debe pertenecer al interior, pero también debe hacerlo al exterior. Es un indecidible. La escritura es el *pharmakos* indecidible de la filosofía. Se halla dentro de la filosofía (Platón escribe), necesita ser expulsada (Platón condena la escritura). La filosofía se opone a sí misma.

«Dentro/fuera» nos asegura orden. Bajo esta garantía, Platón nos dice lo que se encuentra propiamente «dentro» de la filosofía. Las estrategias de Derrida deshacen el orden.

Este no es el procedimiento filosófico estándar. Esperaríamos una refutación o una ratificación de Platón: un acuerdo o desacuerdo claros. O esperaríamos la oferta de sentidos para «verdadero» o «correcto», o alguna explicación de los «principales conceptos» de Platón.

Lecturas de este tipo reproducirían la lógica de Platón: el intento de dominar la indecidibilidad.

En lugar de contrarrestar el argumento de Platón, o de aprobarlo o modificarlo, Derrida insiste en sus inestabilidades. Está habitado en todo momento por una indecidibilidad que no se puede dominar por completo.

ALCANZAR UN ENTENDIMIENTO CON PLATÓN DE LA FORMA QUE HE ESBOZADO ES YA ESCABULLIRSE DE LOS MODELOS DE COMENTARIO RECONOCIDOS, TANTO SI INTENTAN CORROBORAR O REFUTAR, CONFIRMAR O REVOCAR, O INDICAR UNA VUELTA HACIA PLATÓN.

¿NO ES ESTE JUEGO CON LAS PALABRAS, CON SUS UBICACIONES Y SIGNIFICADOS, MÁS COMO CRÍTICA LITERARIA O MITOLOGÍA COMPARATIVA... O ALGO MÁS?

Derrida no explica el texto de Platón, sino que lo «desarregla». Pone su indecidibilidad en un movimiento improbable.

Ahora bien, desde la perspectiva usual de los comentaristas de Platón, sus operaciones parecen abiertas a las acusaciones de los profesores de Cambridge: filosóficamente insignificante, carente de rigor, contaminante, y así sucesivamente...

EL HABLA Y LA ESCRITURA

¿Pueden ser las estrategias de Derrida «importantes» para la filosofía? Todo está en su contra. Está destinado a *no entender la cuestión*, a sacar el texto de Platón *fuera* de la filosofía, a *trivializar* el pensamiento de Platón.

Pero Derrida está confrontándose con un argumento acerca de la prioridad del habla frente a la escritura. ¿Una cuestión secundaria? De acuerdo con Derrida, establecer que el habla tenga prioridad sobre la escritura es crucial para los presupuestos subyacentes de la filosofía occidental.

Así, SOCAVAR EL PRIVILEGIO DEL HABLA SUPONE TAMBIÉN SOCAVAR LOS FUNDAMENTOS DE LA FILOSOFÍA OCCIDENTAL.

Esta es una afirmación importante. Primero, ¿es plausible? ¿Los filósofos *han* privilegiado el habla?

Fonocentrismo

Derrida sostiene que, a lo largo de tres milenios de filosofía occidental, desde Platón y Aristóteles hasta Rousseau, Hegel, Husserl y otros más, los filósofos ciertamente han privilegiado el habla.

¿Qué han afirmado?

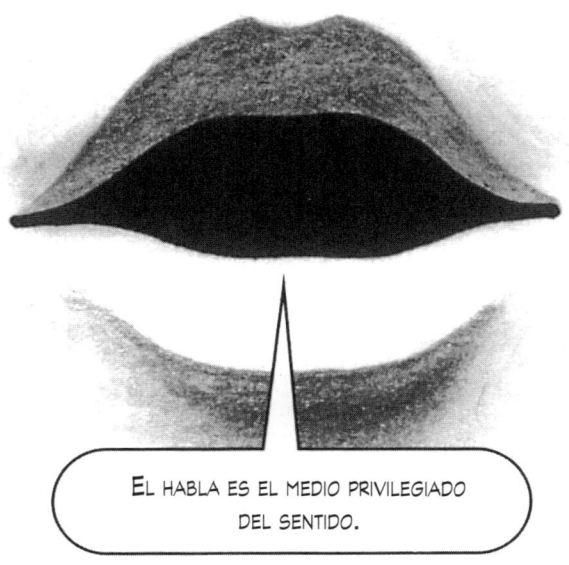

EL HABLA ES EL MEDIO PRIVILEGIADO DEL SENTIDO.

Esto es *fonocentrismo*: el habla es el centro.

La escritura es un derivado...

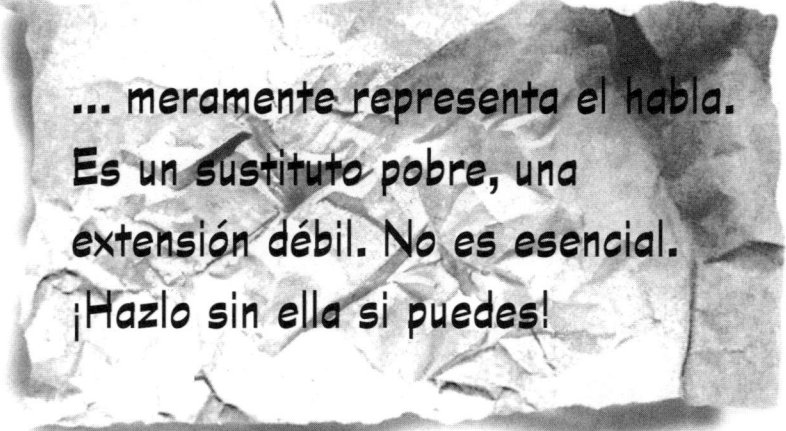

... meramente representa el habla. Es un sustituto pobre, una extensión débil. No es esencial. ¡Hazlo sin ella si puedes!

Si el habla es el rey, la escritura es el *enemigo*. Escribir supone una amenaza perniciosa para el verdadero portador del sentido.

Si la escritura representa el habla, el habla es el representante del PENSAMIENTO, de la idea soberana, de la ideación, de la propia conciencia.

En la cadena **pensamiento**.......... **habla**................................... **escritura**, el habla se encuentra más próxima al pensamiento.

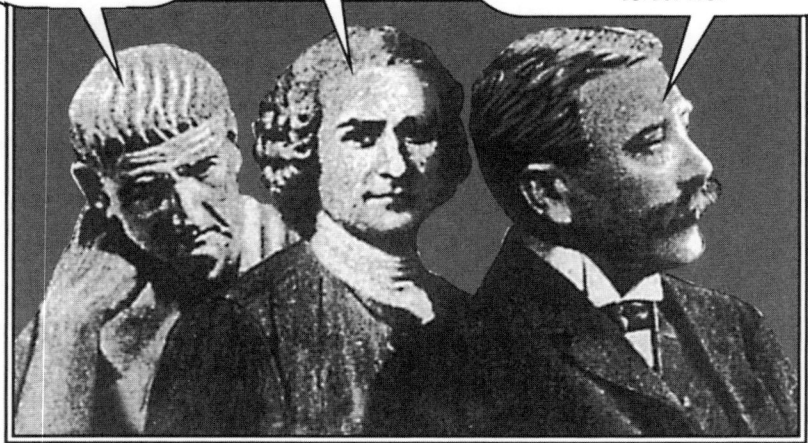

LAS PALABRAS HABLADAS SON LOS SÍMBOLOS DE LA EXPERIENCIA MENTAL, Y LAS PALABRAS ESCRITAS SON LOS SÍMBOLOS DE LAS PALABRAS HABLADAS.

LOS LENGUAJES ESTÁN CREADOS PARA SER HABLADOS. LA ESCRITURA SOLO SIRVE COMO SUPLEMENTO DEL HABLA.

LA PALABRA HABLADA ES POR SÍ SOLA EL OBJETO DEL ESTUDIO LINGÜÍSTICO. LA ESCRITURA ES UNA TRAMPA. SUS ACCIONES SON VICIOSAS Y TIRÁNICAS. TODOS SUS CASOS SON MONSTRUOSOS. LOS LINGÜISTAS DEBERÍAN PONERLAS EN OBSERVACIÓN EN COMPARTIMENTOS ESPECIALES.

Aristóteles de Estagira (384-322 a.C.), alumno de Platón y fuente importante para la filosofía cristiana e islámica.

Jean-Jacques Rousseau (1712-78), filósofo de la naturaleza y antecesor del Romanticismo.

Ferdinand de Saussure (1857-1913), lingüista suizo y pionero del estructuralismo y de la semiótica.

¿Escribir es inútil y peligroso?

Esto no cuadra fácilmente con la historia
social del auge de la escritura en Occidente.
¿Podemos imaginar la economía capitalista, el poder
de la Iglesia cristiana, los sistemas políticos,
las estructuras militares, la ley, la educación, las artes,
sin registros, libros o escritura? La alfabetización es
la piedra angular de la educación de clase,
salvaguardada como lo escrito y lo legible, *no*
lo hablable y lo audible.

¿De hecho, no privilegia la *escritura*
la historia de Occidente?

Los filósofos tienen que estar
equivocados. ¿Han caído en un error
evitable?

Existen varios argumentos de su parte. A veces al habla *se le* ofrece un curioso privilegio...

LOS TRIBUNALES SE BASAN EN LA ESCRITURA. PERO ¿QUÉ PRIVILEGIAN?... EL TESTIMONIO VOCAL.

PROMETO DECIR LA VERDAD, TODA LA VERDAD Y NADA MÁS QUE LA VERDAD.

UNA TESIS ACADÉMICA EN LA QUE SE PROHÍBE CITAR DECLARACIONES ORALES COMO PRUEBA SE LLEVA ANTE SU TRIBUNAL FINAL, LA *VIVA VOCE*, EL TRIBUNAL DE LA VOZ VIVA.

EL ARGUMENTO DE MI TESIS ES...

LAS ACTAS DE REUNIONES DE UNA COMISIÓN SE ESCRIBEN, PERO SE RATIFICAN EN LA SIGUIENTE REUNIÓN POR MEDIO DEL HABLA.

PIDO AL SECRETARIO QUE LEA LAS ACTAS DE LA ÚLTIMA REUNIÓN.

¿PUEDE ABRIRSE UN CENTRO COMERCIAL EXCEPTO CON PALABRAS PRONUNCIADAS?

DECLARO QUE ESTE CENTRO COMERCIAL ESTÁ «ABIERTO».

Pero ese no es el argumento completo de Derrida. En primer lugar, de forma paradójica, el fonocentrismo es una «historia de silencio», una represión de la escritura que apenas puede reconocerse.

En segundo lugar, la supresión de la escritura es *necesaria* para la filosofía occidental y para todo el pensamiento influenciado por ella. Es crucial para las presuposiciones metafísicas de la filosofía...

La metafísica y el logocentrismo

La metafísica investiga los aspectos de la realidad que parecen encontrarse más allá del mundo empíricamente cognoscible, fuera del alcance de los métodos científicos. Sus preguntas parecen *las* preguntas filosóficas: la verdad esencial, el ser y el saber, la mente, la presencia, el tiempo y el espacio, la causalidad, el libre albedrío, la creencia en Dios, la inmortalidad humana, etc.

¿Existen tales cuestiones? Los empiristas como **David Hume** (1711-76) y muchos positivistas, científicos naturalistas, escépticos y otros más han dicho que no.

Pero estas cuestiones persisten. La metafísica occidental ha buscado fundamentos para estructurarlas y responderlas: fundamentos, principios, o una noción de centro. Estas son las bases para todas sus investigaciones y afirmaciones.

El **logos** (griego) puede significar lógica, razón, palabra, Dios.

Este es el afán de fundamentar la verdad en un único punto último: un *origen* definitivo. Derrida denomina a este impulso **logocentrismo**. Se toma el *logos* como el punto indiviso, el origen. La metafísica adscribe **verdad** al *logos*, junto con el origen de la verdad en general.

La metafísica es logocéntrica en su búsqueda de fundamentos.

VERDAD

¿Cómo se establecen los fundamentos?

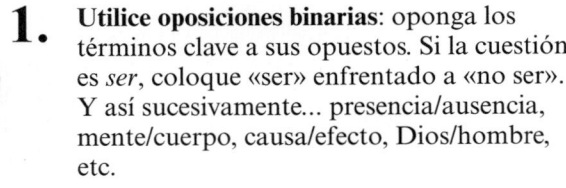

1. **Utilice oposiciones binarias**: oponga los términos clave a sus opuestos. Si la cuestión es *ser*, coloque «ser» enfrentado a «no ser». Y así sucesivamente... presencia/ausencia, mente/cuerpo, causa/efecto, Dios/hombre, etc.

2. **Privilegie el primer término**: es el término «base», el término positivo, otórguele prioridad. Es el término que articula los fundamentos, los principios o el centro. Se encuentra de la parte del *logos*.

3. **Subordine el segundo término**: tiene que ser negativo, o el primer término no podría ser positivo. Tiene que ser deficiente, lleno de carencias, corrupto, o simplemente derivado. Se opone al *logos*, es su enemigo. O diluye esa verdad de verdad, la atenúa, la decolora.

4. **Establezca un procedimiento**: mueva siempre el primer término hacia el segundo...

TODOS LOS METAFÍSICOS PROCEDEN A PARTIR DE UN ORIGEN, CONSIDERADO COMO SIMPLE, INTACTO, NORMAL, PURO, ESTÁNDAR, AUTO-IDÉNTICO... PARA TRATAR, A CONTINUACIÓN, LOS ACCIDENTES, LA DERIVACIÓN, LA COMPLICACIÓN, EL DETERIORO. DE AHÍ QUE EL BIEN SE ANTEPONGA AL MAL, LO POSITIVO A LO NEGATIVO, LO PURO A LO IMPURO, LO SIMPLE A LO COMPLEJO, ETC. ESTE NO ES SIMPLEMENTE UN GESTO METAFÍSICO ENTRE OTROS: ES LA EXIGENCIA METAFÍSICA, EL PROCEDIMIENTO MÁS CONSTANTE, PROFUNDO Y POTENTE.

Derrida y la metafísica

La tarea de Derrida es socavar el pensamiento metafísico: alterar sus fundamentos, desbancar sus certezas, dejar de lado sus búsquedas de un punto de origen indiviso, el *logos*.

Es una tarea de gran envergadura. Derrida argumenta que la metafísica *impregna* el pensamiento occidental. En cierto sentido, ha *sido* el pensamiento occidental. ¿Se puede escapar de ella? ¿Lo ha logrado alguien?

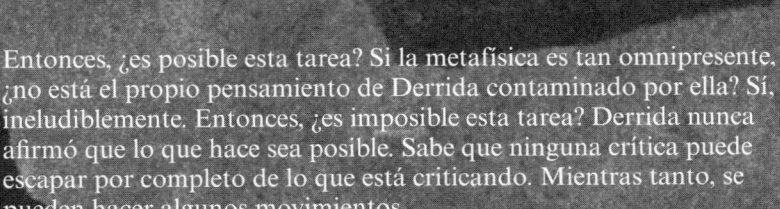

TENGO ALGUNOS ALIADOS: SOBRE TODO NIETZSCHE Y HEIDEGGER. QUIZÁS FREUD, SAUSSURE Y OTROS, PERO INCLUSO EN ELLOS LEO ALGUNA DEPENDENCIA RESIDUAL DE LAS SUPOSICIONES METAFÍSICAS.

Entonces, ¿es posible esta tarea? Si la metafísica es tan omnipresente, ¿no está el propio pensamiento de Derrida contaminado por ella? Sí, ineludiblemente. Entonces, ¿es imposible esta tarea? Derrida nunca afirmó que lo que hace sea posible. Sabe que ninguna crítica puede escapar por completo de lo que está criticando. Mientras tanto, se pueden hacer algunos movimientos...

Invertir

Siempre es posible INVERTIR un binarismo metafísico, revertir
su jerarquía privilegiando el segundo término. Por ejemplo, privilegiar
el cuerpo y no la mente, el hombre y no Dios, lo complejo frente a lo
simple, la ausencia en lugar de la presencia. Eso hace Derrida. Pero...

Desplazamiento

La indecidibilidad altera las estructuras binarias del pensamiento
metafísico. DESPLAZA la estructura de oposiciones del tipo «o esto
o aquello». Lo indecidible juega de todas las maneras, no toma
partido. No se fija. No deja ninguna certeza de un término
fundacional privilegiado frente a un segundo término subordinado.
La desfijación de esta certeza es la desfijación de la metafísica.

La filosofía de Derrida ha sido llamada antifundacionalismo. Eso
es parcialmente útil. Pero Derrida no está simplemente «en contra»
de los fundamentos, sabe que son ineludibles. Sin embargo, los
fundamentos metafísicos aún pueden ser sacudidos. Eso es lo que
hace. Hace un movimiento de *sollicitation* (francés, del antiguo latín
sollicitare, sacudir como un todo), un temblor en el núcleo, un temblor
a través de toda la estructura.

La metafísica de la presencia

Las oposiciones metafísicas se basan en suposiciones de **presencia**.

El primer término binario, o privilegiado, conlleva «plena» presencia. Su subordinado es el término de **ausencia**, o de presencia mediada, atenuada.

Esta idea la toma del fenomenólogo alemán **Martin Heidegger** (1889-1976). Al adoptar la formulación de Heidegger, Derrida argumenta que en el pensamiento occidental el *significado del ser* ha estado determinado, en general, por la *presencia*, en todos los sentidos de la palabra.

LA PREOCUPACIÓN POR LA CUESTIÓN DEL **SER** ME CONDUJO A RECHAZAR GRAN PARTE DE LA METAFÍSICA TRADICIONAL.

La presencia puede ser **espacial**: por ejemplo, proximidad, cercanía o adyacencia, y también inmediatez: tener contacto real o directo, carecer de mediación, no tener ningún material, objeto o agencia intermedio.

MI INTENCIÓN ES VOLVER ENIGMÁTICO LO QUE UNO CREE ENTENDER POR ESTAS PALABRAS.

Y puede ser **temporal**: evoca el presente como el único momento presente, el *ahora* y la ocurrencia sin demora, caducidad ni aplazamiento.

La presencia organiza los conceptos metafísicos del ser. Todos los términos «fundamentadores» de la metafísica designan una presencia. Los ejemplos de Derrida...

— Presencia del objeto a la vista.

— Presencia como sustancia, esencia o existencia.

— Presencia temporal como punto del «ahora», o del instante.

— Autopresencia de pensamiento o conciencia.

— Ser actual del sujeto.

— Copresencia del yo y del otro.

LA PRESENCIA OPERA A LO LARGO DE LA FILOSOFÍA OCCIDENTAL: NINGÚN EMPIRISMO, IDEALISMO, RACIONALISMO, REALISMO, ETC., PSICOANÁLISIS, FENOMENOLOGÍA Y ESTRUCTURALISMO HAN ESCAPADO DE ELLA.

La presencia es la base de muchas afirmaciones, filosóficas o no:

• Que una verdad puede estar detrás (y, por tanto, cerca) de una apariencia.

• Que existe un vínculo inmediato entre la «palabra de Dios» y la verdad.

• Que un «espíritu de la época» puede informar una era histórica y, por tanto, estar presente en ella.

• Que una fotografía puede capturar el «momento significativo», el ahora.

• Que la emoción expresada por un artista puede estar presente en su obra.

La presencia y el habla

Entonces, ¿por qué la oposición habla/escritura es tan importante? ¿Por qué el privilegio del habla supone un gesto que *inaugura* la filosofía occidental? Y si la filosofía tal y como la conocemos es escritura, ¿por qué tratarla como una corrupción, un obstáculo o una irrelevancia?

> PORQUE ES UNA NECESIDAD DE LA METAFÍSICA DE LA PRESENCIA.

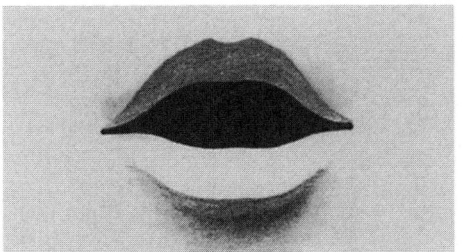

Desde esta perspectiva...

El habla parece acarrear presencia plena

Los conceptos metafísicos del ser exigen presencia, en el tiempo y en el espacio.

OJALÁ ESTUVIERAS AQUÍ

La escritura depende de la ausencia

Sus características se oponen a la presencia. El pensamiento metafísico tiene que expulsarlo o subordinarlo.

En el habla, el hablante y el oyente tienen que estar *presentes* en al menos dos sentidos:

A Presente a las palabras en un sentido espacial.

B Presente en un momento particular en el tiempo en el que se pronuncian las palabras.

Por tanto, parece que los *pensamientos* de los hablantes están lo más cerca posible de sus palabras. Los pensamientos están presentes en las palabras. Por tanto, el habla ofrece el acceso más directo a la conciencia. La voz puede parecer la conciencia misma.

>> Cuando hablo, soy consciente de estar presente para lo que pienso, pero también de mantener lo más cerca posible de mi pensamiento una sustancia significante, un sonido transportado por mi respiración... Escucho esto tan pronto como lo emito. Parece que solo depende de mi espontaneidad pura y libre, que no requiere el uso de ningún instrumento, ningún accesorio, ninguna fuerza tomada del mundo. Esta sustancia significante, este sonido, parece unirse con mi pensamiento... de modo que el sonido parece borrarse, volverse transparente... permitiendo que el concepto se presente como lo que es, sin referirse a nada más que a su presencia. >>

El habla es transparente, un velo diáfano a través del cual observamos la conciencia. El habla y el pensamiento: nada se interpone entre los dos. Ningún lapso de tiempo, ninguna superficie, ningún hueco.

Así, la presencia parece ayudar de forma seductora a las palabras habladas...

PERO NO A LA ESCRITURA.

La escritura opera sobre ausencias. Como indica Derrida, no necesita la presencia del **escritor** ni de su conciencia.

«Se abandonan las notas escritas, se separan del escritor, pero continúan produciendo efectos más allá de su presencia y más allá de la actualidad presente de su sentido, es decir, más allá de su vida misma».

«Escribir es producir un signo que constituirá un tipo de máquina que es, a su vez, productiva... La desaparición del escritor no evitará que funcione».

Y lo mismo ocurre con el **lector**.

«Toda la escritura, para ser lo que es, debe ser capaz de operar en general en la ausencia radical de cada destinatario empíricamente determinado... Esta no es una modificación de la presencia, sino su ruptura, una "muerte" de la posibilidad de una "muerte" del destinatario».

La escritura no puede ser escritura a menos que pueda operar con estas dos ausencias. La presencia es insostenible.

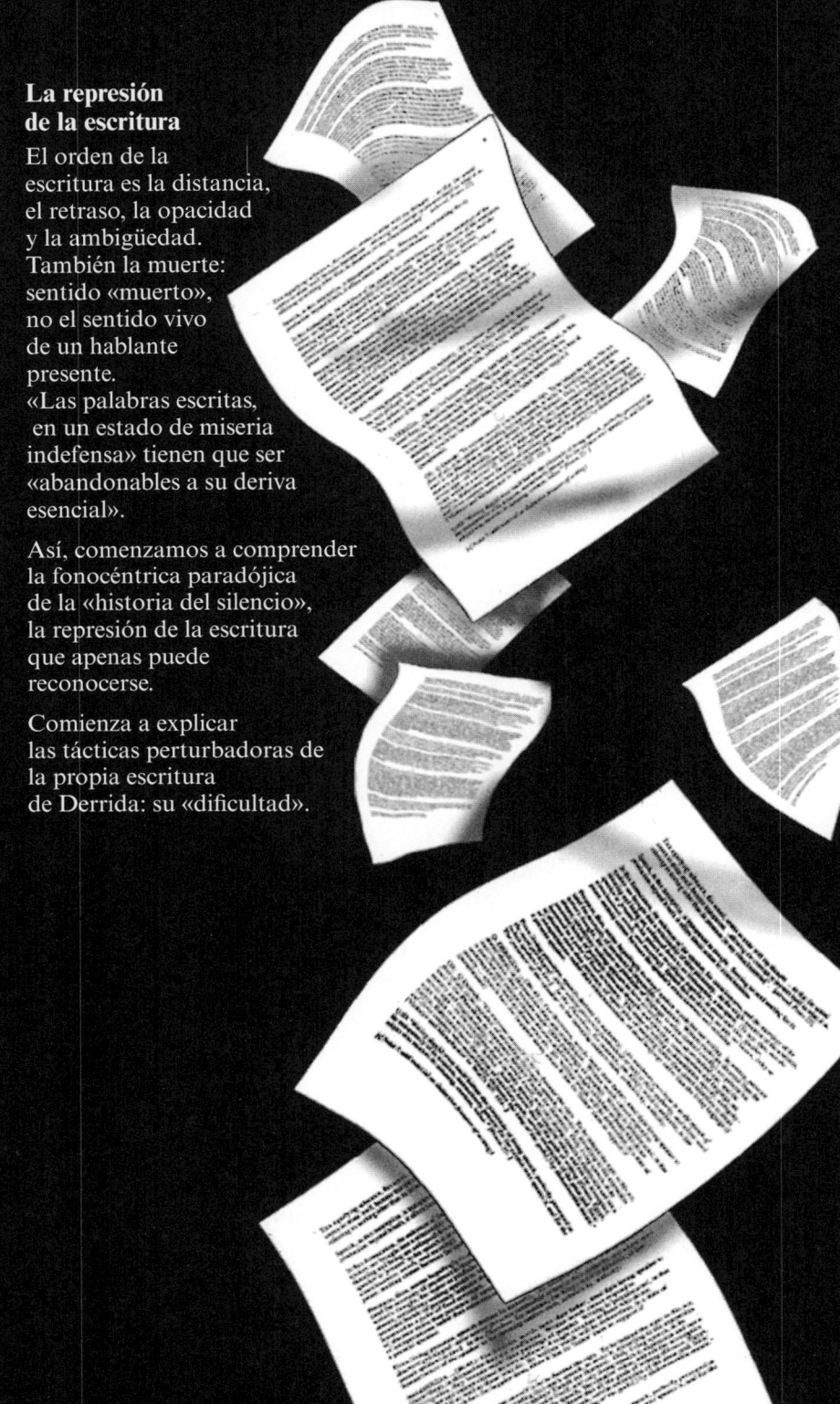

La represión de la escritura

El orden de la escritura es la distancia, el retraso, la opacidad y la ambigüedad. También la muerte: sentido «muerto», no el sentido vivo de un hablante presente.
«Las palabras escritas, en un estado de miseria indefensa» tienen que ser «abandonables a su deriva esencial».

Así, comenzamos a comprender la fonocéntrica paradójica de la «historia del silencio», la represión de la escritura que apenas puede reconocerse.

Comienza a explicar las tácticas perturbadoras de la propia escritura de Derrida: su «dificultad».

EL PERÍODO MÁS ESTÁTICO DE LA REPÚBLICA GAULLISTA.

FENOMENOLOGÍA
VS.
ESTRUCTURALISMO

Derrida elaboró el problema «habla/escritura» a través de dos corrientes dominantes del pensamiento francés: la **fenomenología** y el **estructuralismo**.

La fenomenología y el estructuralismo son rivales incompatibles: esa era la opinión predominante de la época. Echemos un vistazo a estos rivales.

Primero, ¿qué es la FENOMENOLOGÍA? Una «filosofía de la conciencia»: ni el intelecto ni la ciencia pueden aprehender la naturaleza fundamental de la conciencia. Para lograrlo, la filosofía tiene que lidiar con los **fenómenos**: apariencias y nuestra conciencia de estas apariencias. Esta conciencia no puede comprenderse mediante pruebas racionales y datos científicos. Lo que se necesita es la **intuición**, un planteamiento directo hacia las estructuras internas de la conciencia misma.

Algunos fenomenólogos clave

Edmund Husserl (1859-1938): matemático seducido por la filosofía, primer fenomenólogo, fundador de sus bases, profesor influyente en Gotinga entre 1901 y 1916 y Friburgo entre 1916 y 1928. Profesor visitante en la Sorbona, París, en 1929.

Martin Heidegger (1889-1976): alumno de Husserl, sucesor de su cátedra de Filosofía en Friburgo.

Maurice Merleau-Ponty (1908-61): filósofo francés, fuertemente influenciado por Husserl en los años 1930.

PERO PARA DESCRIBIR LA EXPERIENCIA FUNDAMENTAL DEL MUNDO SE NECESITA PRESTAR ATENCIÓN AL CUERPO Y A LAS AMBIGÜEDADES DE LA EXPERIENCIA. FUNDÉ LA REVISTA EXISTENCIALISTA *LES TEMPS MODERNES* CON...

PARA MÍ, LA FENOMENOLOGÍA NO ES UNA HERRAMIENTA PARA ESTUDIAR LA CONCIENCIA. ES UN MEDIO PARA REVISITAR LAS PREGUNTAS ONTOLÓGICAS CENTRALES: EL MODO HUMANO DE SER-EN-EL-MUNDO Y EL PROPIO SER.

Jean-Paul Sartre (1905-80): estudió exhaustivamente la obra de Husserl entre 1933 y 1934. A través de Sartre, la fenomenología se convirtió en la plataforma central para el existencialismo, *la* moda filosófica de los años 1940 y 1950.

NUNCA DESESPERÉ

LA REDUCCIÓN FENOMENOLÓGICA EXPONE LOS ELEMENTOS ESENCIALES DE LA CONCIENCIA.

¿Qué es el ESTRUCTURALISMO? El estudio del lenguaje, la cultura y la sociedad humanas como **estructuras**. Los componentes elementales de una estructura están *relacionados* unos con otros. Así, para analizar la cocina (o la economía, el parentesco, la moda, etc.) examina sus componentes en sus **relaciones** de diferencia, intercambio y sustitución. El modelo definitivo es el lenguaje. Las estructuras culturales y sociales operan como las estructuras lingüísticas.

Algunos estructuralistas clave

Ferdinand de Saussure (1857-1913): lingüista suizo, prototipo de estructuralista. Su obra póstuma *Curso de lingüística general* (1916) trata de la significación basada en palabras.

Roman Jakobson (1896-1982): lingüista del «Círculo de Praga» nacido en Rusia, el principal defensor de Saussure.

> ADAPTÉ EL CONCEPTO DE SAUSSURE DEL LENGUAJE Y DEL SIGNO EN MI REINTERPRETACIÓN RADICAL DE FREUD. EL INCONSCIENTE ESTÁ ESTRUCTURADO COMO UN LENGUAJE.

Louis Althusser (1918-90): filósofo y teórico político, estructuralista lector de Marx.

Jacques Lacan (1901-81): psicoanalista.

> LLEVÉ LA LINGÜÍSTICA ESTRUCTURAL A AMÉRICA EN 1942, DONDE CONOCÍ A...

Claude Lévi-Strauss (1908-2009): antropólogo, exponente del estudio estructural de la cultura, escritor sobre el parentesco, el mito, el intercambio de regalos, etc.

> LAS SOCIEDADES CAPITALISTAS SON ESTRUCTURAS INTERACTIVAS, NO SON LAS EXPRESIONES NI EL REFLEJO DE UNA BASE ECONÓMICA.

> PERO TAMBIÉN PROPONGO QUE LAS ESTRUCTURAS DEL LENGUAJE SON LA BASE PARA UNA SEMIOLOGÍA, UN ESTUDIO CIENTÍFICO DE LOS SIGNOS EN GENERAL.

Roland Barthes (1915-80): crítico literario y teórico cultural.

> EN MI RETORNO A FRANCIA EN 1949 ME CONVERTÍ EN UNA FIGURA CENTRAL PARA EL ESTRUCTURALISMO DE LOS AÑOS 1950 Y 1960.

> LEÍ EL «CURSO» DE SAUSSURE EN 1956 Y APLIQUÉ SUS CONCEPTOS A LA LITERATURA, A LA MODA, A LAS IMÁGENES DE PUBLICIDAD, A LA FOTOGRAFÍA, ETC.

Parecía haber diferencias insalvables entre la fenomenología y el estructuralismo.

Tenían *proyectos* diferentes. La fenomenología es una filosofía de la conciencia interior. El estructuralismo es una teoría relacional del lenguaje y la cultura.

Tenían diferentes concepciones del *sentido*. El sentido surge fundamentalmente en la conciencia interior. El sentido surge en las relaciones entre unidades del lenguaje.

Pero el objetivo de Derrida nunca fue *resolver* nada.

ESTRUCTURALISMO

FENOMENOLOGÍA

SI AMBAS TENDENCIAS DEPENDEN DE SUPOSICIONES METAFÍSICAS, YA SON MÁS SIMILARES QUE DIFERENTES. ASÍ, USO ASPECTOS QUE POSEEN AMBAS PARA SOCAVAR SUS FUNDAMENTOS...

66

Comencemos con la fenomenología. ¿Podemos mantener la posibilidad de una conciencia pura al nivel que deseaba Husserl? Derrida sostiene que tal posibilidad queda excluida de raíz...

Ideas propias de una fenomenología pura

En su búsqueda de los fundamentos de la conciencia, Husserl tuvo que rechazar todo lo que fuera meramente local o contingente. Cualquier cosa que perteneciera a individuos o situaciones particulares era una cuestión de la psicología individual. Las estructuras fundamentales de la mente tienen que ser universales, transcendentes.

Sus estrategias:

La reducción fenomenológica: aislar los aspectos fundamentales poniendo todo lo demás *entre paréntesis*. La eliminación rigurosa y meticulosa darán cuenta de la conciencia esencial.

La reducción del lenguaje... o al menos de aquellos aspectos que no pueden acomodarse a la conciencia pura. Poner entre paréntesis los aspectos «exteriores» del lenguaje: todos sus aparatos, formas, sustancias, sonidos y signos.

Tratar el sentido como «interior»: es un producto de la vida mental aislada. No necesita del exterior, el sentido fundamental solo puede ser una cuestión de la conciencia en comunión consigo misma.

¡AH!, ESTO ES EL SENTIDO **PRESENTE** A SÍ MISMO. EN EL FUNDAMENTO DE LA ESTRUCTURA UNIVERSAL DE LA MENTE SE ENCUENTRA LA METAFÍSICA DE LA **PRESENCIA**. EL EDIFICIO AL COMPLETO TIENE QUE DEPENDER DE LA OPOSICIÓN METAFÍSICA DENTRO/FUERA...

Para Husserl, ¿existe alguna manera de pensar la relación entre pensamiento y lenguaje? Sí. Y está regida por una oposición binaria y una jerarquía.

La oposición, dos tipos de signo:

A) EXPRESIVO
B) INDICATIVO

La jerarquía:

El signo **EXPRESIVO** es el signo propiamente significativo, porque porta toda la fuerza intencional, una *intención* de significar.

El signo **INDICATIVO** puede significar, pero carece de esta intención animada.

Ejemplos de signos INDICATIVOS:

Signos que ocurren de forma natural: la caída de hojas puede significar «es otoño». Pero las hojas no albergan intenciones.

Los signos matemáticos pueden ser manipulados para significar de forma aritmética, de forma geométrica, etc., pero no necesitan una intención semántica activa y actual.

PARA HUSSERL, ESTA ES UNA «SIMBOLIZACIÓN INFERIOR, PELIGROSA Y CARGADA DE CRISIS», PERO NO EVITA QUE SE LES DÉ USO A LOS SIGNOS MATEMÁTICOS...

$2 + 2 = 4$

¿Y el signo EXPRESIVO?

Si la intención viva es animarlo, necesitará la presencia de su productor vivo. Así, ¿cuál es la forma privilegiada del signo expresivo? La voz hablada, superior a todas las demás formas porque parece estar presente (próxima, inmediata) a la conciencia silenciosa, interior. Husserl reproduce la prioridad fonocéntrica.

EN OPINIÓN DE HUSSERL, EXPRESARSE ES ESTAR DETRÁS DEL SIGNO... ATENDER AL HABLA PROPIO, PRESTARLE ASISTENCIA. SOLO EL HABLA VIVA, EN SU MAESTRÍA Y MAGISTERIO, ES CAPAZ DE ASISTIRSE A SÍ MISMA. Y SOLO EL HABLA VIVA ES EXPRESIÓN Y NO UN SERVIL SIGNO...

¿Y qué pasa con los soportes externos del lenguaje (las marcas, los sonidos, etc.) que pueden separarse de la intención presente y seguir su propio camino por separado? Para Derrida, estos elementos externos son siempre necesarios y siempre habitan en lo interno.

Un encuentro con la teoría estructuralista del lenguaje de Saussure se volvió inevitable.

La lingüística de Saussure

Saussure rompió con enfoques previos de la lingüística. Estos últimos habían rastreado la evolución de los sonidos y de las palabras a lo largo del tiempo. Saussure se centró en cómo *funcionaba* el lenguaje, no en cómo se desarrolló.

El lenguaje puede considerarse de forma **sincrónica**, esto es, como en un solo instante. Puede verse como una estructura o sistema, un conjunto de elementos que se hayan en *relación* unos con otros.

En la lingüística estructural el juego de esos elementos y relaciones es lo que produce el sentido. Para Saussure, esto ocurre de dos maneras.

PRIMERO, EL SENTIDO SE PRODUCE EN LA FORMACIÓN DE SIGNOS COMO ENTIDADES DE DOS CARAS.

P/E/R/R/O =

SEGUNDO, EL SENTIDO TAMBIÉN SE PRODUCE EN UN JUEGO DE CONTRASTES.

BIEN, VEAMOS ESTOS DOS CONCEPTOS: EL SIGNO Y LA DIFERENCIA.

El «signo» tiene dos aspectos:

Un significante: para Saussure, este es una percepción sensorial (una palabra hablada tiene un aspecto que podemos escuchar, una palabra escrita, un aspecto que podemos ver).

GATO

Un significado: un concepto o sentido asociado con esa percepción sensorial.

Un signo, para ser tal, requiere de ambos aspectos: algo que **sentimos** y algo que **pensamos**. Es una relación...

GATO

Esta relación no supone nada nuevo. Es lo habitual en el pensamiento occidental sobre el lenguaje. Un signo tiene dos aspectos, uno *sensible* y otro *inteligible*. Platón introdujo la idea en el *Crátilo*, los estoicos la formalizaron, y pasó a la lingüística moderna a través de pensadores cristianos y algunos otros más.

San Agustín (354-430)

Roman Jakobson (1896-1982)

Para Derrida, esto es sospechoso. El signo se basa en un binarismo y se parece sospechosamente a un concepto fundacional del pensamiento occidental.

«La diferencia entre significante y significado es, sin duda, el modelo rector con el cual el platonismo se instituye como filosofía...».

Pero el signo de Saussure puede ser útil para la crítica de la fenomenología. Sobre todo, subraya que el significante y el significado están relacionados de forma indisoluble. Insiste en que se necesitan el uno al otro: no pueden existir separados. Saussure evoca dos metáforas. El significante y el significado son **cuerpo y alma**, o **anverso y reverso** de una hoja de papel. Saussure, al escoger entre ambas, prefiere la de la hoja de papel. Las dos caras son inseparables en última instancia.

EL GROSOR INVISIBLE, CASI INEXISTENTE, DE ESA «HOJA» ENTRE EL SIGNIFICANTE Y EL SIGNIFICADO, DEBEMOS SEÑALAR QUE ES UNA METÁFORA SIGNIFICATIVA, YA QUE LA HOJA CON SU ANVERSO...

... Y REVERSO
APARECE PRIMERO
COMO SUPERFICIE
Y APOYO PARA...

... LA ESCRITURA

Si Saussure está en lo cierto, no podemos caer en la idea de que los conceptos o los sentidos existen de forma independiente de los significantes. Los conceptos necesitan sus sonidos físicos, sus marcas escritas, etc. Incluso si somos capaces de imaginar palabras «dentro de nuestra cabeza», estamos evocando sus significantes, sus aspectos sensoriales. Sus formas externas contaminan el ideal de lo puramente interno.

Así, para Derrida, esto ofrece resistencia al movimiento clásico de la metafísica: la supresión del significante. El significado es el término fundacional. ¿El significante? Inesencial. Se interpone en el camino, corrompe el concepto.

Como en Husserl, evapora el significante y te quedará el pensamiento puro: un «significado transcendental». ¿Dónde se encuentra esta evaporación en su forma más completa? En la palabra hablada, que parece derretirse bajo la fuerza de la conciencia expresada.

Pero Saussure también vuelve a caer en este fonocentrismo. ¿Qué se puede utilizar para *desplazar* el signo?

Derrida utiliza el concepto de Saussure de **diferencia**.

El sentido no se puede producir solamente mediante la unión del significante con el significado. Necesita la operación de la diferencia. ¿Cómo funciona, de acuerdo con Saussure?

Saussure vuelve a su metáfora de la «hoja de papel».

Si se corta la hoja con diferentes formas, una de estas podría identificarse por su diferencia con otras formas. Esa forma toma una identidad en relación con las otras, toma un cierto «valor».

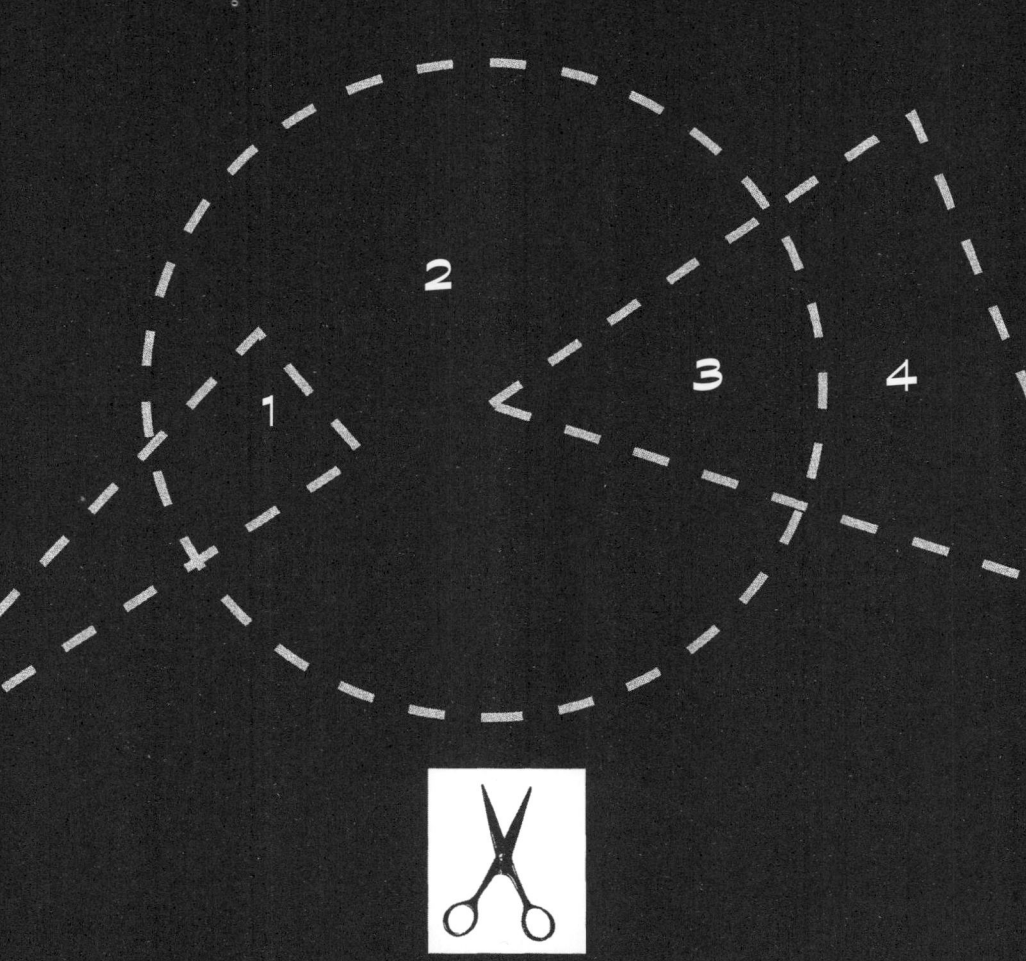

Al cortar la hoja de papel, se corta a la vez la parte delantera y la trasera de la misma. Las formas diferentes del lado del «significante»...

... conforman las diferentes formas del lado del «significado».
Los significantes *y los conceptos* se crean en un sistema
de diferencias.

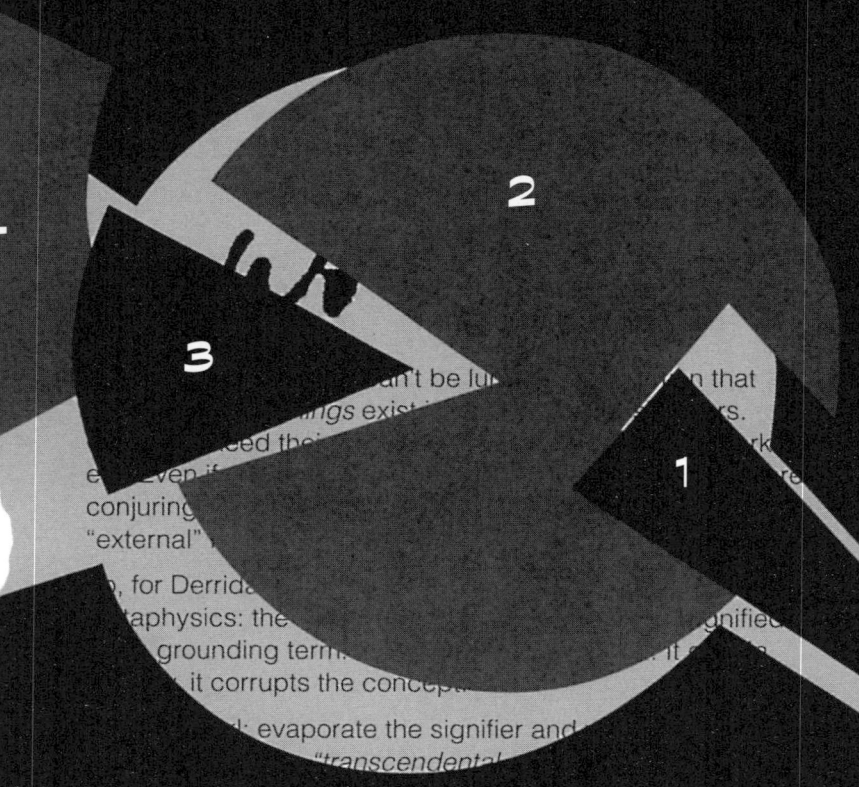

De aquí proviene la famosa frase de Saussure, la estructura del lenguaje
es *puramente* diferencial: «Tanto si tomamos el significado como
el significante, el lenguaje no posee ni ideas ni sonidos que existan
previamente al sistema lingüístico, sino solo diferencias conceptuales
y fónicas que se han emitido *desde* el sistema».

El sentido deja de ser simplemente una correlación de significante/
significado. Todo depende de las diferencias.

Al nivel de los sonidos lingüísticos, podemos sustituir en *big* el sonido /**b**/ por el sonido /**p**/. (*N. T.: pig = cerdo, big = grande*).

Los sonidos no significan nada por sí mismos, pero podemos diferenciarlos. La diferencia hace posible un sentido diferente, el concepto:

Y así sucesivamente, a través de otros sonidos y conceptos diferenciables, como en este ejemplo en inglés:

PEG

PEN

PAN

etc. *(N. T.: peg = pinza, pen = pluma. pan = cacerola)*.

Para Derrida, esta es una cuestión de presencia...

¿Qué ocurre cuando *big* circula como una palabra hablada? Se tiene que emitir el sonido /**b**/. Parecería que /**p**/ no está presente. No escucharemos /**p**/, un hablante no puede decir ambos al mismo tiempo. Podemos decir, se encuentra ausente. Pero, por otro lado, /**p**/ no se encuentra simplemente ausente. *Big*, para ser identificable y significativo, depende de ello, y de todos los demás sonidos de los que difiere. Sin /**p**/ y los demás, está perdido. De este modo, /**p**/ está presente de alguna manera, aunque no solo eso. Se transporta como una *huella* en /**b**/, necesariamente presente en su ausencia necesaria.

La huella

¿Qué quiere decir Derrida por «huella»? Ni simplemente estar presente ni simplemente ausente, la huella es un indecidible. El relevo de las diferencias (*pig, big, bag, rag, rat*, etc.) depende de una indecidibilidad estructural, un juego de presencia y *ausencia* en el origen del sentido. Indecibilidad de origen *entre* presencia y ausencia.

TANTO SI ES ESCRITO COMO SI ES HABLADO, NINGÚN ELEMENTO PUEDE FUNCIONAR SIN RELACIONARSE CON OTRO QUE, A SU VEZ, NO ESTÉ SIMPLEMENTE PRESENTE. CADA ELEMENTO SE CONSTITUYE SOBRE LA BASE DE LA HUELLA QUE HAY EN ÉL DE LOS DEMÁS ELEMENTOS DEL SISTEMA. NADA, NI EN LOS ELEMENTOS NI EN EL SISTEMA, ESTÁ SIMPLEMENTE EN ALGÚN LUGAR PRESENTE O AUSENTE.

Así, Derrida coloca la huella a través del signo saussureano: una presencia/ausencia indecidible en el origen del sentido. El lenguaje se basa en un movimiento entrelazado entre lo que está y lo que no está. El lenguaje siempre es un entrelazado, un tejido.

¿Cuál es la significación de la noción de huella de Derrida?

Primero, sugiere que todo el lenguaje está sujeto a la indecidibilidad. El juego de la huella es una especie de deslizamiento deformante y reformado: una inestabilidad inherente de la que el lenguaje no puede escapar.

Esto se aplica también al lenguaje filosófico. El vocabulario de la metafísica (ser, verdad, centro, origen, etc.) tiene que ser reconocido como vocabulario. Es un conjunto de palabras y no se pueden escapar del juego de la huella.

Ahora bien, si la huella es un constante deslizamiento entre la presencia y la ausencia, esos términos filosóficos no pueden establecer una presencia plena.

Este hecho ataca a la propia raíz de la metafísica occidental porque la afirmación de presencia plena es lo que sustenta los conceptos y procedimientos metafísicos.

Estructuralismo y fenomenología: las operaciones de Derrida

Los escritos de Derrida sobre el estructuralismo y la fenomenología se publicaron en 1967 en tres libros: *La voz y el fenómeno (Speech and Phenomena,* el término *speech* se ha traducido en esta obra como habla), *Escritura y diferencia* y *De la gramatología*. Estas fueron sus primeras publicaciones importantes y anunciaron su complejo asalto al pensamiento metafísico.

Ninguno de estos textos ofrece argumentos al uso. No simplemente refutan, corroboran, elogian o se oponen. Derrida «realiza un pasaje a través» de los textos de la fenomenología y el estructuralismo en busca de sus puntos ocultos de inestabilidad: los puntos donde opera la indecidibilidad.

En cierto sentido, Derrida hace lo mismo con la fenomenología y el estructuralismo que con Platón y otros autores. Al leer sus textos encuentra indecidibles: el *pharmakon*, el suplemento, la huella, etc. Y los utiliza para sacudir los fundamentos metafísicos.

Esto ayuda a explicar por qué la escritura de Derrida puede parecer sorprendente, enfurecedora o exasperante. Para adoptar la curiosa lógica de esta escritura debemos estar dispuestos a aceptarla, a suscribir la tarea que asume: la creación de movimientos desestabilizadores en el pensamiento metafísico.

¿Es esta tarea tan importante o tan necesaria como sugiere Derrida? No todos sus lectores lo piensan. Pero desestimar los escritos de Derrida como intencionadamente *oscuros* es demasiado precipitado. Entendida como una rigurosa desestabilización de la metafísica occidental, incluso sus estrategias más extrañas comienzan a cobrar sentido.

Pasemos a echar un vistazo a dos de estas estrategias: el uso de la *paleonimia* y de los *neologismos*. Ambos explotan la indecidibilidad en el intento de socavar la metafísica.

Estrategias: «la escritura»

Privilegiar la escritura frente al habla es una cosa. Pero no es solo una cuestión de pensar los términos en su oposición habitual. Derrida reconceptualiza la escritura como un indecidible: el juego de la presencia/ausencia y de la diferencia radical, a través del habla y de la escritura. Este es el juego diseñado por los términos de Derrida *la huella* y *la grama* (de ahí *gramatología*). Y por su término *escritura*.

LA «ESCRITURA» SE CONVIERTE EN PALEONIMIA: PALABRA ANTIGUA, NUEVOS USOS. YA NO DESIGNA MÁS LOS TRAZOS QUE EL HABLA, SINO EL JUEGO INDECIDIBLE QUE HAY EN AMBOS. HABITA LAS PALABRAS HABLADAS, LAS MARCAS INSCRITAS...

¿Cómo podemos saber cuándo se utiliza la palabra en este sentido? No podemos (a menos que añadamos algo, por ejemplo, «la-escritura-en-el-sentido-de-Derrida». Pero un suplemento lleva consigo su propia indecidibilidad). La paleonimia de Derrida es una potencialidad en todos los usos de la palabra, en sus propios textos y en los de otros.

... TODOS LOS DEMÁS SIGNOS.

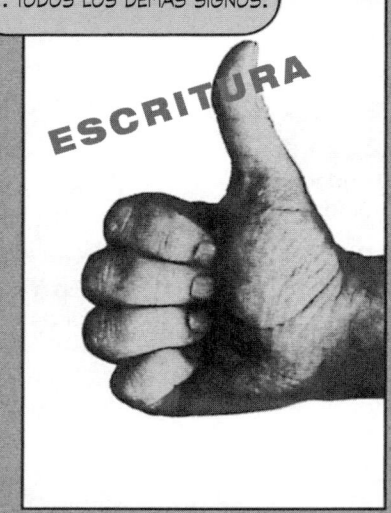

Derrida también acuña neologismos. *Différance* es uno, y no significa nada. Es una acuñación que no se puede intercambiar...

82

Différənce

Différance no es una palabra francesa. Pero está relacionada con algunas...

El sustantivo

La différence (con una «e») = la diferencia

El verbo

Différer= diferir, y posponer

El verbo adjetivado

Différant= la condición de diferir, o de posponer

Estas ofrecen algunas posibilidades a los neologismos de Derrida. Por ejemplo, el verbo *différer* opera tanto en el espacio como en el tiempo: las «cosas» difieren espacialmente, pero «posponer algo» es temporal.

Lo mismo ocurre con el verbo adjetivado («las formas diferentes», «las tácticas aplazadas»).

Pero en francés existe un déficit semántico. No existe el verbo sustantivado. Esperaríamos que hubiera uno: una palabra que nos permita nombrar la *actividad* de «posponer», o de diferir con alguien o algo. Si *différance* fuera una palabra francesa, podría ser ese verbo sustantivado. Pero no lo es. Al no serlo, puede suplir la pérdida semántica *y* cubrir todas las demás ausencias y oclusiones de sentido en todos estos sustantivos, verbos, etc., relacionados.

Los cuatro campos de la *différance*

Con esta posibilidad imposible (*différance* [no] es una palabra francesa), Derrida inserta la *différance* en cuatro campos de conceptos y palabras.

1. **Inserción entre el habla y la escritura**: La *différance* se pronuncia de la misma manera que *la différance*. Si es hablada, no se puede escuchar *différance*. Pero la *différance* se puede *leer*. Privilegia la escritura, mientras que inhabilita el habla como posibilidad.

2. **Inserción entre sustantivos y verbos**: *Différance* no es ni un sustantivo ni un verbo. Opera *entre* la «cosa» y el «hacer», entre entidad y acción: una oposición fundamental de la filosofía.

3. **Inserción entre lo sensible y lo inteligible**: La *différance* opera a ambos lados del signo saussuriano (significante y significado).

Examinemos con más atención el juego entre lo **sensible** y lo **inteligible**:

— La *différance* excede *lo sensible* porque este necesita huecos en el tiempo o en el espacio que no sean nunca totalmente aprehensibles: en el habla, pausas y separación entre sonidos; en la escritura, signos no fonéticos, espacios en la página, pequeños signos de puntuación, etc. Podemos ver que dos trazos gráficos difieren, pero no podemos ver *la diferencia*. La *différance* abarca ambos.

— La *différance* excede *lo inteligible*, porque lo sensible habita lo inteligible. Como vemos en las palabras habituales utilizadas para la conceptualización. Los ejemplos de Derrida: la palabra griega *theorein* (teoría) también significa «mirar» o «ver»; el francés *entendement* (entendimiento) es el nombre de *entendre*, «escuchar».

Y, finalmente...

4. **Inserción entre palabras y conceptos**: *Différance* no es una palabra (en francés) ni un concepto (un significado). No existe, no es un ser presente, una «cosa» con esencia o existencia. Rechaza la cuestión «¿qué es la *différance*?». Es mejor escribir: *différance* ~~est~~ Derrida tacha el verbo ser, colocándolo bajo el borrado («*sous rature*», expresión prestada de Heidegger). A la vez allí y no allí, cancelado, pero no expulsado, presente y ausente.

Différance no sigue el modelo del neologismo filosófico habitual: una (nueva) palabra para un (nuevo) concepto. En su lugar, juega un movimiento de indecidibilidad.

La *différance* es activamente perturbadora. Ni al lenguaje, ni al pensamiento, ni al significado se les debe permitir la comodidad de sus rutinas cotidianas. Si eso hace que el lenguaje filosófico quede arruinado, enfermo con sus propias inestabilidades, ¿qué ocurre con el lenguaje ordinario y la comunicación ordinaria? ¿Podemos apoyarnos en la decidibilidad fundamentada en el supermercado, la oficina y la sala de lectura?

¡NO ESTÁ EN EL DICCIONARIO!

MI OBJETIVO NO ES JUSTIFICAR LA INVENCIÓN DE ESTA PALABRA, SINO INTENSIFICAR SU JUEGO. TODO ES ESTRATÉGICO Y AVENTURERO. POR ESTOS MOTIVOS, NO HAY DÓNDE COMENZAR.

EL DESORDEN EN LA COMUNICACIÓN

El lenguaje ordinario

Para muchos de sus críticos, Derrida simplemente pasa por alto el hecho de la comunicación exitosa. El lenguaje ordinario funciona. Por tanto, siempre es posible ser claro (en principio, y salvo accidentes), decir lo que se quiere expresar y saber lo que alguien está pensando.

1971: las **Sociétés de Philosophie de Langue Française** organizan un coloquio. El tema: la comunicación. Derrida ofrece una conferencia hablada, «Firma, acontecimiento, contexto».

Plantea una pregunta...

¿LA PALABRA «COMUNICACIÓN» PUEDE COMUNICAR? QUIZÁS, YA QUE TIENE UN SENTIDO ESTANDARIZADO Y ACEPTADO. LA COMUNICACIÓN EN EL LENGUAJE O EN EL DISCURSO IMPLICA UNA TRANSMISIÓN DESDE UNA PERSONA HASTA OTRA DE UN SENTIDO O UN CONCEPTO. ES UN SIGNIFICADO «EN TRÁNSITO» Y NO ESTOY DE ACUERDO CON ELLO...

Pero existen otros sentidos. Se puede referir a un movimiento comunicado: la transmisión de una fuerza, un temblor o una sacudida. O puede significar un paso de carácter espacial a través de una apertura o pasillo: esto es, una puerta comunicante. En francés, puede significar el artículo presentado a una conferencia («firma, acontecimiento, contexto» es uno de sus sentidos). El término «comunicación» es **polisémico**: su significante puede relacionarse con muchos significados. Estos amenazan la comunicación. ¿Cómo debemos lidiar con ellos? «Ellos mismos se dejan reducir de forma masiva por los límites de lo que se denomina CONTEXTO». Y eso, dice Derrida, se da por sentado.

La garantía del contexto

«Firma, acontecimiento, contexto» comienza con contexto. ¿*Cómo puede un contexto garantizar los sentidos «correctos»?*

La conferencia de Derrida tuvo un contexto: una convención de filósofos francoparlantes. Sus comunicaciones estaban gobernadas por el consenso:

1. Habrá una comunicación lingüística.

2. Será oral.

3. Obedecerá las normas de inteligibilidad.

4. En principio, se podrá alcanzar un acuerdo. Toda esta comunicación versará sobre el lenguaje, no sobre sacudidas y temblores, pasajes, conductos, callejones, entradas, salidas o artículos presentados a la conferencia. Nadie escribirá o hará mímica o fotografías. El tema no será geológico, etc. Habrá una comunicación adecuada sobre la «comunicación» adecuada. Y esto se da por sentado.

¿Estas comunicaciones adecuadas pueden estar garantizadas por el contexto, de tal manera que nadie tenga duda? En última instancia, ¿puede el *contexto* dirigir el juego de la *différance* y proporcionar sentido con un lugar seguro de indecidibilidad?

Acontecimientos

J. L. Austin (1911-60), filósofo oxoniense del «lenguaje ordinario», creía que había un «contexto seguro» para lo que denominaba enunciados *realizativos*. Definía los realizativos mediante una oposición:

Los enunciados **REALIZATIVOS** son actos de habla que realizan una acción. Decir «bautizo este barco como *Argosy*» da lugar a un nombre: se trata de un nombre, no de una afirmación *sobre* el nombre. Ocurre de igual forma con otros realizativos, como, por ejemplo, en las ceremonias de matrimonio.

Los enunciados **CONSTATATIVOS** son afirmaciones o enunciados de hecho. «El gato está sentado en la alfombrilla», o «La práctica del capitalismo avanzado está íntimamente ligada a la práctica del machismo».

TODOS LOS **REALIZATIVOS** «HACEN COSAS CON PALABRAS». YA SEA CASARSE, PERSUADIR, PROMETER, AFIRMAR, INSISTIR, BAUTIZAR, QUEJARSE, ENTERRAR, APOSTAR, REGALAR, ABRIR, DESPEGAR...

LOS **CONSTATATIVOS** SE PUEDEN JUZGAR COMO VERDADEROS O FALSOS, Y SON EL TIPO DE ENUNCIADOS PREFERIDOS DE LA FILOSOFÍA Y DE LAS CIENCIAS HUMANAS.

OXFORD

Los realizativos no son verdaderos o falsos, pero pueden tener éxito o fracasar. Esto depende del contexto. Los realizativos de Austin necesitan su contexto correcto:

— Un **procedimiento** convencional con el que todo el mundo esté de acuerdo.
— **Personas**, **palabras** y **circunstancias** convencionales y apropiadas.
— Un **efecto** convencional.

El procedimiento debe llevarse a cabo *de forma correcta* y *completa* por *todos*. Si todo está bien, el acto de habla es «afortunado» (apropiado y, quizás, feliz). Si no, puede que algo no se realizara, o puede que haya algo incorrecto.

Las decoloraciones del lenguaje

Así pues, los realizativos pueden fracasar. O peor aún: pueden sufrir decoloraciones (*etiolations*). Austin dice:

«Un enunciado realizativo será vacío o nulo de forma peculiar si lo pronuncia un **actor** en un escenario, o si es introducido en un **poema**, o se dice en un **soliloquio**. El lenguaje en tales circunstancias no es, de maneras especiales, utilizado *en serio*, sino que se usa de formas *parasitarias* de su uso normal, formas que entran dentro de la doctrina de las *decoloraciones* del lenguaje».

DECOLORACIÓN SIGNIFICA PÁLIDO, INCOLORO O DE ASPECTO ENFERMIZO. AUSTIN NO TIENE OPCIÓN...

«Todo esto no lo tomamos en consideración. Debe entenderse que nuestros realizativos se emiten en circunstancias ordinarias. No debo estar bromeando».

Lo ficticio, teatral y poético: eso es bromear y no va en serio. Todo este lenguaje *blanqueado* es una pálida imitación de su original serio. Es una mera CITA, simplemente REPITE y REUTILIZA. Sus realizativos (y mucho más) son parásitos del cuerpo del auténtico lenguaje.

¿Por qué Austin excluye estos usos? Porque nunca se *pretendía* que tuvieran éxito.

Austin adopta el procedimiento metafísico clásico:

1. Existe el lenguaje SERIO: necesita la presencia de la intención del hablante. Un realizativo necesita que su contexto sea correcto hasta el último detalle. Y su último detalle se encuentra en su centro, en su fundamento: la *presencia*. El hablante ha de tener una *intención* genuina, sincera, presente. De lo contrario, el acto de habla perderá su color apropiado.

2. Existe el lenguaje NO SERIO: cita, repite, reutiliza el original serio.

AUSTIN EVOCA UN TIPO DE AGONÍA DEL LENGUAJE QUE DEBE MANTENER CON FIRMEZA A DISTANCIA, O DEL QUE HAY QUE APARTARSE CON DECISIÓN. SU ARGUMENTO SUGIERE QUE EXISTE UN **RIESGO** QUE RODEA AL LENGUAJE COMO UN FOSO EN EL QUE PUEDE CAER. UN LUGAR DE PERDICIÓN EXTERNA EN EL QUE EL LENGUAJE NUNCA SE AVENTURARÍA, QUE DEBERÍA EVITAR QUEDÁNDOSE EN CASA.

¿El foso? La **escritura**...

La lección de la escritura: la iterabilidad

Derrida ve el lenguaje de otra manera. Lo que Austin rechaza como aberrante, Derrida lo toma como el caso estándar. Este se encuentra en la escritura. Ya lo hemos visto anteriormente...

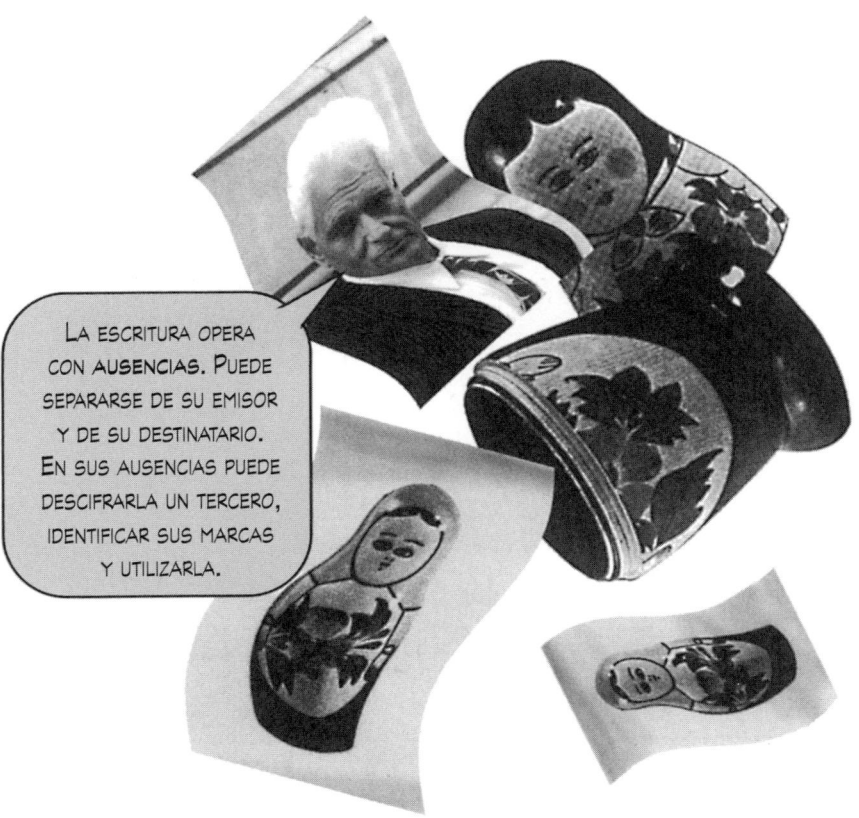

LA ESCRITURA OPERA CON AUSENCIAS. PUEDE SEPARARSE DE SU EMISOR Y DE SU DESTINATARIO. EN SUS AUSENCIAS PUEDE DESCIFRARLA UN TERCERO, IDENTIFICAR SUS MARCAS Y UTILIZARLA.

*iter, «de nuevo», de itara, del sánscrito «otro».

Por tanto, la escritura debe ser ITERABLE*: *repetible*, pero en el sentido de repetible-con-*diferencia*. Podemos repetir marcas que identificamos. Para identificarlas, debemos ser capaces de repetirlas. No podríamos identificar o *leer* una escritura que no pudiéramos repetir. No sería legible.

La iterabilidad socava el «contexto» como el regulador final de los sentidos. La repetibilidad implica la repetición *en otro lugar*...

Citas e injertos

La iterabilidad tiene muchas implicaciones. La CITA siempre es posible. Siempre podemos extraer una secuencia de palabras de un trozo de escritura. Podemos componer un extracto y este puede todavía continuar funcionando con sentido. INJERTAR es igualmente posible. Podemos injertar la secuencia robada (¿de quién era?) en otras cadenas de escritura. Como escribe Derrida: «ningún contexto puede encerrarla». De ahí que la escritura sea siempre escribir con palabras robadas. Por no mencionar todas sus citas, plagios, imitaciones, pastiches, etc.

ESTO NO SE LIMITA SOLO A UN TEXTO. LA ITERABILIDAD, LA CITA Y EL INJERTO SE ENCUENTRAN EN **TODOS** LOS SIGNOS. Y EN MI SENTIDO, ESTO LOS CONVIERTE A TODOS ELLOS EN ESCRITURA.

Por ejemplo, el habla es iterable, citable e injertable. Es posible decir:

ELLA COMENZÓ EL DISCURSO, MI MARIDO Y YO...

Es posible citarse a uno mismo y hacer múltiples injertos integrados. Decir:

LA ÚLTIMA SEMANA DIJE: ELLA COMENZÓ EL DISCURSÓ, MI MARIDO Y YO...

El habla, como la escritura, puede separarse del contexto y de todas las presencias de sus momentos de pronunciación.

«¿Qué sería un signo que no se pudiera citar? ¿Y cuyo *origen* no se pudiera perder en el camino?».

La ley del posible fracaso

Derrida nos enfrenta a una paradoja. La repetibilidad es el *riesgo* del lenguaje, su foso y su inutilización. Puede hacer descarrilar la comunicación.

Pero la repetibilidad es también su condición de posibilidad. Sin ella, no podría haber signos reconocibles. Sin la **posibilidad** de una versión citable, no podemos tener la «verdadera», la «real».

La comunicación puede descarrilar por la iterabilidad, y porta en su interior a su descarrilador.

¿La comunicación?

Derrida no concluye que los realizativos y el lenguaje ordinario carezcan de efectos, ni que los *efectos* del habla sean meramente los mismos que los de la escritura. Se trata simplemente de que sus efectos *no excluyen* lo que normalmente se opone a ellos: la iterabilidad, la cita y el injerto. A tales efectos, no se les puede expulsar del lenguaje. Son su condición necesaria.

¿Erradica esto el CONTEXTO? Para Derrida, no. Existen los contextos, pero no tienen centro ni nunca podrán gobernar los sentidos.

¿Erradica esto las INTENCIONES? De nuevo, no. La iterabilidad, la citabilidad y el injerto aseguran que la fuerza de una intención *nunca estará completamente presente* en un enunciado o en su contenido. Y que nunca está completamente ausente.

LA INTENCIÓN NO DESAPARECE. TENDRÁ SU LUGAR, PERO DESDE ESTE LUGAR YA NO SERÁ CAPAZ DE DIRIGIR LA ESCENA AL COMPLETO NI EL SISTEMA ENTERO DE LAS MANIFESTACIONES VERBALES.

¿La comunicación? Quizás sea posible, si por comunicación queremos decir transacciones que presuponen la repetición-con-diferencia, la cita y las reinserciones de forma ilimitada. Y que puedan conducir a algún tipo de replanteamiento de la vida cotidiana.

¡LA INTENCIÓN NO DESAPARECE!

DICE EL CEREBRITO JACQUES

El cerebrito francés de moda Jacques Derrida reconoce que, a pesar de que pienses que sabes lo que dices, no hay nada que impida que la gente cite tus palabras fuera del contexto.

Tira del otro que incluso dice

Las firmas y las rúbricas

Hay firmas, todos los días. Para Austin son actos performativos de escritura. Siguen su modelo. Las firmas legales necesitan especialmente una fuente intencional presente en la inscripción en el momento de su producción. Las firmas obtienen su poder de esta suposición...

Rúbrica (*paraph*): floritura, subrayado con adornos. «Nudo»; también firmar solo con iniciales; firmar con una floritura, con un nombre o sin él (*Diccionario inglés de Oxford*). La rúbrica es un suplemento.

LA PRESENCIA EN EL AHORA, GRAPADA A LA PUNTUALIDAD PRESENTE, ES EL ORIGEN ENIGMÁTICO DE CADA RÚBRICA.

Pero Derrida considera la firma como escritura. Para funcionar debe ser iterable: repetible, imitable. Debe ser posible separarla del signatario y de sus intenciones. No hay *necesidad* de que haya ninguna intención particular en el momento de la firma.

Por tanto, las firmas pueden ser *imitadas*, quizás de forma fraudulenta. Esto es necesario. Repetir «nuestra propia» firma (como si pudiéramos poseer las marcas) siempre es falsificar o imitar. ¿De qué otra manera podríamos escribir las marcas, sabríamos que marcas inscribir?

Todo lo cual hace que la firma sea dudosa. Siempre es doble porque siempre contiene la amenaza y la necesidad de su repetibilidad. Nunca podría ofrecer la garantía si no se pudiera dudar de ella.

La firma es dudosa. ¿Esto la destruye? Se firma a diario...

> LA ITERABILIDAD ES LA CONDICIÓN DE POSIBILIDAD DE LA FIRMA, PERO ES TAMBIÉN LA CONDICIÓN DE SU IMPOSIBILIDAD, DE SU IMPOSIBILIDAD DE SU PUREZA RIGUROSA. SU SEPARABILIDAD CORROMPE SU IDENTIDAD Y SU SINGULARIDAD, DIVIDE SU SELLO.

La conferencia de Derrida «Firma, acontecimiento, contexto» finaliza con la firma de Derrida. Firma con una firma im/pura, una rúbrica y una observación.

> POR TANTO, LA ESCRITURA, SI ES QUE EXISTE, QUIZÁS COMUNIQUE, PERO NO EXISTE DE FORMA SEGURA. O APENAS, POR LA PRESENTE, EN LA FORMA DE LA FIRMA MÁS IMPROBABLE.

> (OBSERVACIÓN: EL TEXTO —ESCRITO— DE ESTA COMUNICACIÓN —ORAL— DEBERÍA HABERSE DIRIGIDO A LA ASOCIACIÓN DE SOCIEDADES DE FILOSOFÍA FRANCOPARLANTES ANTES DE LA REUNIÓN. POR TANTO, DICHA MISIVA TENÍA QUE HABER SIDO FIRMADA. LO QUE HICE, Y AQUÍ FALSIFIQUÉ. ¿DÓNDE? AHÍ. (J. D.).

¿Qué es importante en este argumento sobre la comunicación y las firmas?

Derrida ha defendido que la comunicación siempre está sujeta a la iterabilidad, a la cita y al injerto. Si es así, no se puede considerar como un pasaje de sentidos garantizado y dominable. El lenguaje, dice Derrida, es una «diseminación incontrolable».

Si ese es el caso, perdemos la garantía absoluta de que podamos «decir lo que queremos decir» o «saber lo que alguien está pensando».

AQUÍ TENGO UN TROZO DE PAPEL FIRMADO POR HERR HITLER Y YO MISMO...

Ni siquiera podemos estar seguros de quién está hablando o escribiendo. La identidad del autor o del signatario que parece haber producido el discurso, quién lo ha firmado, y quién se supone que es el origen o centro del discurso (en el punto de vista logocéntrico).

Derrida hace descarrilar la comunicación al introducir desorden en sus conceptos fundacionales.

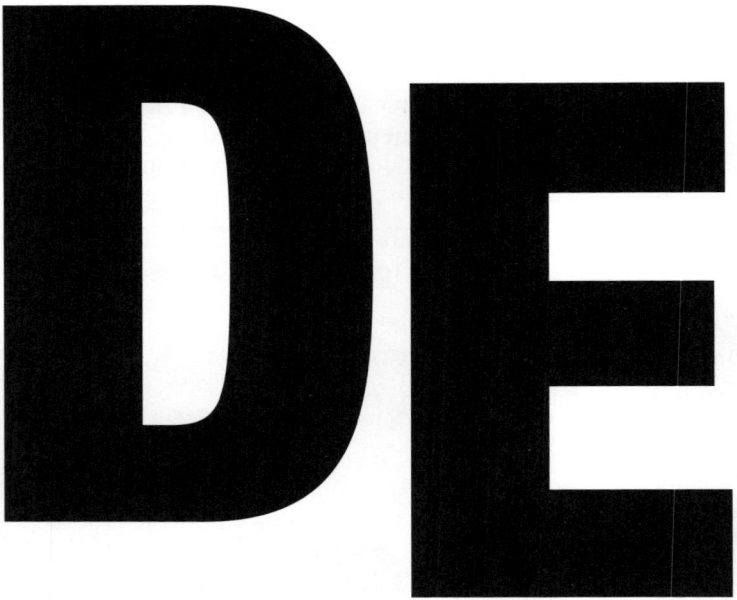

Hemos estado siguiendo los dos hilos de la «matriz» de investigación propuesta por Derrida: la **indecidibilidad**, con su desestabilización de las oposiciones tradicionales, y la **introducción del desorden en la comunicación**.

Esto nos conduce a reflexionar y escribir de una manera poco habitual: deshacer, socavar, desestabilizar, descomponer, desenterrar...

— Los textos de Derrida no se encuentran localizados «fuera» de los textos que ellos examinan, en una oposición que intenta ser de dominio o de autoridad privilegiada. No rechaza o se opone a ellos meramente. Es más bien una estrategia de habitarlos, de crear un paso desestabilizador a través de ellos, deshaciendo sus presuposiciones y desenterrándolas, revolviendo sus niveles subyacentes.

— Los textos de Derrida necesitan sus textos «rehenes». En cierto sentido son parásitos. Los indecidibles necesitan de las oposiciones que desestabilizan. Sin embargo, la mayoría de los textos «rehenes» ya contienen elementos que los deshacen. Platón tiene su *pharmakon*, Austin sus decoloraciones iteradas, aunque normalmente se pasen por alto, se nieguen, se llamen al orden o reciban una orden de desahucio.

— La indecidibilidad y los descarrilamientos de la comunicación siempre están operando en todos los discursos: en el derecho, en la política, en la educación, en lo militar, en la medicina, etc., así como en la filosofía y en la teoría.

La tarea de Derrida ha consistido en intensificar su juego perturbador. Se ha puesto nombre a sus estrategias y tácticas: DECONSTRUCCIÓN. Pero, en muchos casos, la escritura de Derrida apenas lo ha necesitado...

DECONSTRUCCIÓN ES UNA PALABRA CUYA FORTUNA ME HA SORPRENDIDO DESAGRADABLEMENTE. NO PENSÉ QUE SE LE FUERA A ATRIBUIR UN PAPEL TAN CENTRAL. HA SIDO ÚTIL EN UNA CIERTA SITUACIÓN, PERO NUNCA ME HA PARECIDO SATISFACTORIA. NO ES UNA BUENA PALABRA, NO ES ELEGANTE.

Déconstruction era una palabra raramente utilizada en francés, que significa la reordenación gramatical de una palabra en una frase, o como verbo, *déconstruire*, desmontar una máquina, por ejemplo, para transportarla.

¿Deconstrucción?

Derrida utilizó esta palabra en sus escritos tempranos. Adaptó y tradujo las palabras *Destruktion* o *Abbau* alemanas, términos que Heidegger había utilizado en su revisión de la metafísica. Para Derrida, la palabra francesa *destruction* era demasiado negativa y parcial. Sugería una demolición o erradicación antagonista. En los usos de Derrida, *déconstruction* designaba un movimiento doble: tanto de desorden o desorganización, pero también de reordenación.

¿La deconstrucción es...?

Ha sido una palabra problemática. En una carta a Toshiko Izutsu*, islamólogo japonés, Derrida pregunta: ¿se puede definir? ¿Se puede traducir, por ejemplo, al japonés?

[* Carta a un amigo japonés, 1983]

Primero: cualquier término utilizado para traducirla, o definirla, ofreciéndole sentidos o conceptos definitivos, se prestan a operaciones de deconstrucción.

Segundo, ¿hay «algo» que definir o traducir? Derrida opuso resistencia a la sugerencia de que existe un concepto de deconstrucción, simplemente presente en la palabra, fuera de la inscripción de la palabra en afirmaciones o frases determinadas por los indecidibles. Simplemente no existe un concepto tal que se pueda *traspasar* a otras palabras, a otros idiomas.

En opinión de Derrida, este es un problema para la traducción en general. Los traductores tienen que decir, y no decir, lo que alguien ha dicho.

¿No es lo que crees?

Las definiciones y las traducciones siempre están abiertas a procedimientos metafísicos clásicos, especialmente a su movimiento ontológico: a determinar el ser como presencia. Derrida sugiere que la deconstrucción se puede describir mejor como una *sospecha contra el pensamiento «¿cuál es la esencia de?»*.

> TODAS LAS ORACIONES DEL TIPO «LA DECONSTRUCCIÓN ES X» O «LA DECONSTRUCCIÓN NO ES X» NO ENTIENDEN NADA *A PRIORI*, LO QUE ES LO MISMO QUE DECIR QUE, AL MENOS, SON FALSAS. UNO DE LOS PUNTOS PRINCIPALES DE LA DECONSTRUCCIÓN ES LA DELIMITACIÓN DE LA ONTOLOGÍA Y, POR ENCIMA DE TODO, DE LA TERCERA PERSONA DEL PRESENTE DE INDICATIVO: S ES P.

Geoff Bennington ofrece un aforismo: «La deconstrucción no es lo que piensas, si lo que piensas es un concepto, presente en la mente. Pero que pienses puede que ya sea deconstrucción».

-ismo?

Nombrar la deconstrucción es llamarla al orden, vincularla a nociones familiares, estables y logocéntricas de lo que debería ser pensar. Ciertamente, en última instancia, la decosntrucción debe ser un modo de **análisis** o **crítica**, o un **método** o un **proyecto**. Derrida se resistió a ello.

Esto conduce al «deconstruccionismo» ...

El **análisis** busca distinguir elementos simples, indivisos que pueden ser tratados como originarios y explicativos. En sus operaciones sobre la metafísica occidental, la deconstrucción opone resistencia al movimiento hacia elementos u orígenes simples.

La **crítica** en el sentido usual implica un punto de vista fuera de su objeto. La deconstrucción insiste en los movimientos a través de y entre los opuestos metafísicos, dentro/fuera.

El **método**, en opinión de Derrida, opera seleccionando ciertos términos de un discurso y usándolos para nombrar algo *técnico* o *procedimental*. Identificó este punto especialmente en la deconstrucción en los Estados Unidos, por ejemplo, en aspectos de la crítica literaria conocida como Deconstrucción de Yale.

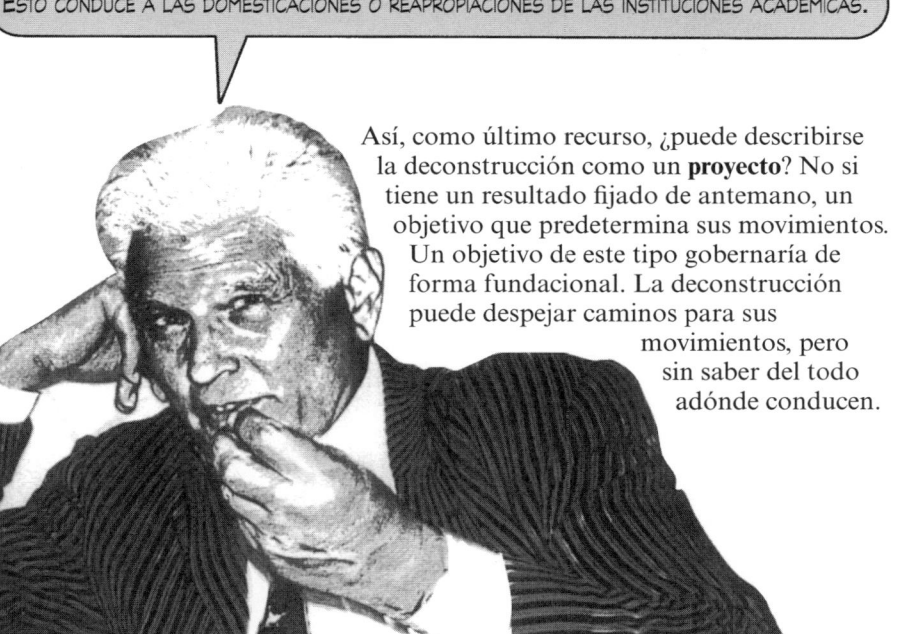

ESTO CONDUCE A LAS DOMESTICACIONES O REAPROPIACIONES DE LAS INSTITUCIONES ACADÉMICAS.

Así, como último recurso, ¿puede describirse la deconstrucción como un **proyecto**? No si tiene un resultado fijado de antemano, un objetivo que predetermina sus movimientos. Un objetivo de este tipo gobernaría de forma fundacional. La deconstrucción puede despejar caminos para sus movimientos, pero sin saber del todo adónde conducen.

¿No hace esto que la deconstrucción y sus partidarios se encuentren en una posición imposible, en un «no-lugar» del pensamiento contemporáneo?

> DIRÍA QUE LA DECONSTRUCCIÓN NO PIERDE NADA POR ADMITIR QUE ES IMPOSIBLE. TAMBIÉN QUE LOS QUE SE APRESURAN A DELEITARSE CON ESTA ADMISIÓN NO PIERDEN NADA POR TENER QUE ESPERAR.

> PARA UNA OPERACIÓN DECONSTRUCTIVA, LA POSIBILIDAD SERÍA MÁS BIEN EL PELIGRO, EL PELIGRO DE CONVERTIRSE EN UN CONJUNTO DISPONIBLE DE PROCEDIMIENTOS DOMINADOS POR REGLAS, MÉTODOS, ENFOQUES ACCESIBLES. EL INTERÉS DE LA DECONSTRUCCIÓN, DE LA FUERZA Y EL DESEO QUE PUEDA TENER, ES UNA CIERTA EXPERIENCIA DE LO IMPOSIBLE.

En 1967, Derrida finalizó su ensayo *La estructura, el signo y el juego* planteando una cuestión entre dos tipos de pensamiento. Uno sueña con descifrar una verdad u origen que escapa al juego; el otro se aleja del origen y afirma el juego.

Podría ser una cuestión de elección o, en opinión de Derrida, de la necesidad histórica de «renunciar al sueño de la presencia plena»: el fundamento tranquilizador, el origen y el final del juego.

ES UNA CUESTIÓN CUYA *CONCEPCIÓN, FORMACIÓN, GESTACIÓN Y PARTO* SOLO ESTAMOS VISLUMBRANDO EN LA ACTUALIDAD. ALGUNOS APARTARÁN LA VISTA ANTE LO TODAVÍA INNOMBRABLE QUE SE PROCLAMA A SÍ MISMO, Y QUE PUEDE HACERLO, COMO ES NECESARIO CUANDO SE AVECINA UN NACIMIENTO, BAJO LA ESPECIE DE LA NO-ESPECIE EN LA FORMA INFORME, MUDA, INFANTIL Y ATERRADORA DE LA MONSTRUOSIDAD.

Informe, monstruosa, y quizás inidentificable, la deconstrucción se ha propagado viralmente por campos que van más allá de la filosofía y de la teoría. Derrida adelantó su progreso en la arquitectura, el arte, la política y la ley. Y, especialmente, en la literatura...

LA ESCRITURA Y LA LITERATURA

En los años 1950, la filosofía y la literatura en Francia tenían nuevos puntos de contacto. Los poetas surrealistas de los años 30 del siglo pasado habían abordado cuestiones filosóficas. Las novelas, obras de teatro y las poesías de **Albert Camus** (1913-60), **Jean Paul Sartre** (1905-80) y otros más exploraron temas existencialistas. Y **Paul Valéry** (1871-1945), poeta y crítico mallarmeano, consideró la filosofía como una práctica de escritura y, por tanto, como una subcategoría de la literatura. Derrida tomó ejemplo de Valéry. Es necesario estudiar los textos filosóficos como si fueran literarios. Necesitamos prestar atención a sus estilos, formas, figuras retóricas; incluso a sus títulos, diseño y tipografía.

Pero tradicionalmente la búsqueda filosófica de la *verdad* ha gozado de prioridad frente a la preocupación literaria del *estilo*.

Textos literarios, textos filosóficos

A diferencia de Valéry, Derrida no tenía mucho interés en simplemente INTERCAMBIAR las afirmaciones jerárquicas de la filosofía por las de la literatura. Buscaba formas de desestabilizar o de DESPLAZAR las fronteras entre ellas, poniendo en duda las propias categorías.

NO EXISTE UNA ESENCIA ASEGURADA DE LA «LITERATURA» O DE LA «FILOSOFÍA». SON CATEGORÍAS INESTABLES SIN GARANTÍAS. SI PARECEN SEGURAS Y NATURALES ES PORQUE SE RIGEN POR UN PODEROSO CONSENSO BASADO EN EL PENSAMIENTO FUNDACIONAL.

LITERATURA

Sus fronteras no pueden estar nunca completamente claras. Los textos tienen *rasgos*, características que comparten con otros textos. Y un texto literario puede compartir algunos de sus rasgos con textos filosóficos, legales o políticos, etc.

Derrida explota esta cuestión. Si las categorías y las fronteras se ven perturbadas, puede que también la jerarquía pierda su control.

La contaminación

Así pues, Derrida abre la literatura y la filosofía a una CONTAMINACIÓN recíproca. Es una estrategia deconstructiva. Puede que continúen presentes ciertas características de la filosofía y de la literatura, pero no se les permitirá un dominio seguro y general de lo que se escribe y de cómo esto se lee.

> LO QUE ME INTERESA NO SE LLAMA ESTRICTAMENTE NI FILOSOFÍA NI LITERATURA. SUEÑO CON UNA ESCRITURA QUE PUEDA NO SER NI LO UNO NI LO OTRO, A PESAR DE QUE MANTENGA (NO DESEO ABANDONAR ESTE PUNTO) LA MEMORIA DE LA LITERATURA Y DE LA FILOSOFÍA.

¿Qué puede obtener la filosofía de su propia contaminación? El estudio de la literatura puede revelar algo sobre los *límites de la interpretación* de la filosofía. Este es el interés principal de Derrida.

Lo persigue de dos maneras. Escribió sobre textos literarios, a pesar de no haber producido una crítica literaria al uso. Pero también tomó prestados mecanismos y estrategias de la escritura literaria y los utilizó en su desestabilización de la metafísica.

La escritura en los límites

Al buscar textos que hayan «hecho temblar los límites de nuestro lenguaje», Derrida recurrió a la literatura de vanguardia, a los escritos modernistas o posmodernistas de Mallarmé, Kafka, Joyce, Ponge, Blanchot y otros.

En 1974 escribió un ensayo, «Mallarmé», para la serie *Tableau de la littérature française*. Es uno de los muchos compromisos de Derrida con textos de **Stéphane Mallarmé** (1842-98), poeta y escritor de prosa, modernista y simbolista.

La escritura de Mallarmé se ha considerado normalmente como una explotación de la **riqueza semántica**: el potencial del lenguaje para múltiples significados, referencias y alusiones. Derrida, al contrario, lo analiza como una **descomposición de los elementos lingüísticos**, y especialmente de la palabra.

Or (oro) en Mallarmé juega con «*or*» como dos letras, una sílaba y una palabra. Es las tres cosas.

Mallarmé tiene *palabras* de «oro»...
d'éclats d'or [destellos de oro]
dorure [dorado]

... pero también explora «*or*» como *letras* dentro de palabras:
majORe [aumento]
trésOR [tesoro]
dehORs [fuera]
hORizon [horizonte]
fantasmagORiques [fantasmagórico]

Incluso como una palabra, «*or*» no es estable. Es un **sustantivo** («oro»), pero también un **adjetivo** («dorado») y una **conjunción** («ahora»): «*une éclipse, or, telle est l'heure*» («un eclipse, *ahora*, tal es la hora»).

Para Mallarmé, el orden de las palabras es importante. A menudo coloca «*or*» tras «*son*» («su», un adjetivo posesivo; pero también el sustantivo «sonido»).

«*son or*» («su oro» o «sonido dorado»). También en francés este *sonido* suena como «*sonore*» (= «sonoro», un adjetivo).

Hace que «*son*» vacile entre adjetivo y sustantivo.

Especialmente, «*le son or*» puede significar tanto «el sonido dorado» como «el sonido *or*», simplemente el sonido de la sílaba, el material oratorio.

Y Mallarmé, autor de *Les Mots Anglais*, sabía que «*or*» podía ser una sílaba, una palabra, o letras en inglés o en francés.

La descomposición de la palabra

No hay tanta riqueza semántica como **indecisión semántica**. Surge de la *colocación* inquietante de letras, sonidos y palabras: de la *sintaxis* (la localización de los elementos lingüísticos), no de la semántica (sentidos). De hecho, molesta y hace descarrilar los sentidos. El interés de Derrida no es el contenido supuestamente rico, la suntuosidad semántica, sino la dislocación del contenido mediante una sintaxis estratégica.

Esto también podría funcionar en la filosofía. La sintaxis mallarmeana opone resistencia al contenido seguro de palabras filosóficas cruciales como «verdad», «ser» u «origen». Así pues, Derrida descompone palabras. *Différance*, ni un sustantivo ni un verbo (ni una palabra, ni un concepto), socaba el orden estable del sentido que exigen los textos logocéntricos.

NO HAY NINGÚN SUSTANTIVO, NADA QUE SIMPLEMENTE SE NOMBRE: ES TAMBIÉN UNA CONJUNCIÓN, UN ADJETIVO, ETC. **DEJA DE SER PALABRA:** UNA SÍLABA PUEDE DISPERSARLA.

SER
VERDAD
ORIGEN

Leyendo a Mallarmé

¿Qué tiene esto que ver con «Stéphane Mallarmé»? Derrida deja a un lado las cuestiones habituales de la crítica literaria. La AUTORÍA, por ejemplo. ¿Puede estar *presente* el autor en el texto, controlando sus significados? ¿Debemos estudiar a los autores? Al final de «Mallarmé», Derrida recita la ley.

SE DEBERÍA HABER HABLADO DE STÉPHANE MALLARMÉ, DE SU PENSAMIENTO, DE SU INCONSCIENTE Y DE SUS TEMAS, O DE LO QUE PARECÍA QUERER DECIR. SE DEBERÍA HABER HABLADO DE SUS INFLUENCIAS, DE SU VIDA, ANTES DE NADA; DE SUS DUELOS Y DEPRESIONES, DE SU ENSEÑANZA, DE SUS VIAJES, DE SU FAMILIA Y AMIGOS, DE LOS SALONES LITERARIOS, ETC., HASTA EL ESPASMO FINAL DE LA GLOTIS.

¿Las intenciones del autor, los pensamientos, el entorno? Estas son categorías críticas comunes. En opinión de Derrida, ninguna de ellas ofrece un fundamento seguro para la interpretación. Y están basadas en oposiciones metafísicas. Presuponen posibilidades de *decisión* sin relevancia alguna para las estrategias de los textos de Mallarmé.

Ulises gramófono

En 1984, Derrida fue invitado a inaugurar el 9th International James Joyce Symposium en Frankfurt. ¿Qué podría decir a estos expertos sobre Joyce, a estos guardianes quizás de la *decisión* en literatura?

Como crítica literaria, *Ulises gramófono* es inusual. Habita e imita la falsa novela épica *Ulises* (1922), el relato de Joyce del 16 de junio de 1904 en Dublín, un día que no estuvo marcado por ningún acontecimiento importante. El texto de Derrida contiene relatos de su propia composición textual, de cómo recibió su título, de cómo Derrida busca una postal de lagos en Tokio, de «la batalla de Tokio» en *Ulises*, etc. Cómo *Ulises*, tiene viajes tortuosos —Oxford, Ohio, Tokio, París— e inserta una figura de su autor: Elijah entra como un operador de centralita telemática polifacético, una figura de impredicibilidad. (Derrida tiene el nombre hebreo Elijah, en francés *Elie*.) Es un texto que no está marcado por ningún acontecimiento extraordinario...

"yes" in Joyce's Ulysses

Como *Ulises*, *Ulises gramófono* repite, cita, injerta y, a veces, descompone sintácticamente. Estos son sus acontecimientos cotidianos. La preocupación de Derrida es la de mantenerlos en juego, sin estar fijados por procedimientos académicos estándares.

¿Cómo hace esto? Examina, por ejemplo, la palabra «sí», muy repetida en *Ulises*. ¿Cómo se puede interpretar? ¿Cuáles son sus *límites* de interpretación? Su propio texto demuestra las dificultades.

«Oui, oui, vous m'entendez bien, ce sont des mots français».

No se pueden traducir por completo, pero en castellano sería:

«**Oui**, **oui**, me recibe bien, estas son palabras francesas».

Es una frase que hace descarrilar la traducción (¿«sí, sí, *no* son estas palabras francesas»?). Derrida, leyendo entre las versiones francesa e inglesa de *Ulises*, quiere mantener viva la idea de una traducción como un texto nuevo, no como una copia que simplemente ofrece los sentidos de un original.

Y tenemos otro problema: la cita. ¿*Cita* el segundo «sí» de Derrida su primer «sí» (u otro «sí»)? No podemos estar seguros, puede que esté *utilizando* el segundo «sí» quizás para subrayar, o para afirmar el primer «sí»: decir sí a «sí». Entre la cita y el uso, el asunto es indecidible.

Así pues, no estamos captando muy bien a Derrida, incapaces de saber «qué quería decir». ¿Podemos captar, altos y claros, los *síes* de Joyce?

Otros síes

Quizás puedan ayudar algunos procedimientos académicos estándares. Derrida adopta algunos, puede que de forma irónica.

Primero, encontrar todos los síes. Derrida obtiene 222. Parece una lectura detallada. Pero quizás pueda servir de ayuda un ordenador.

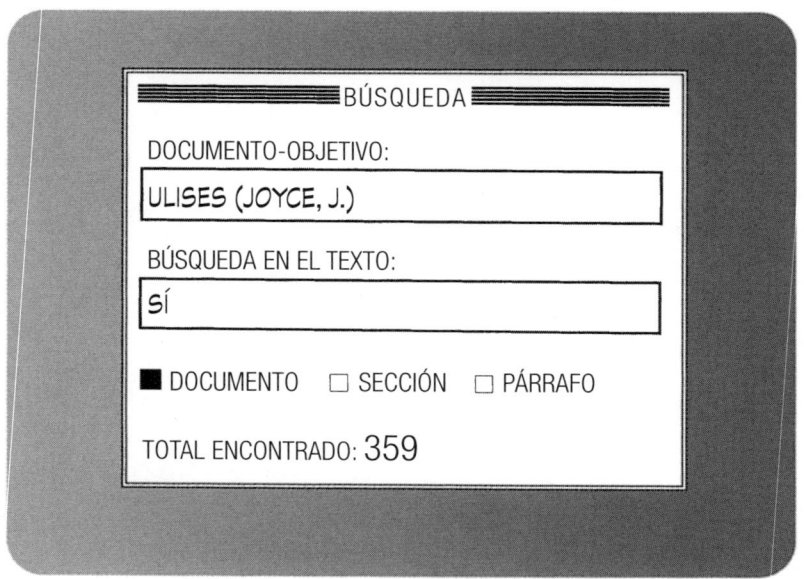

Se *ha* utilizado un ordenador y obtuvo 359. Pero ¿cómo se podrían llegar a delimitar los límites de esta tarea? ¿Cómo podrían decidir los programadores qué excluir? ¿Los votos a favor? ¿Otras expresiones afirmativas («él asintió con la cabeza»)? Los síes no ingleses, por ejemplo, los *síes* y lo *ouis*?

Los síes necesitarían estar organizados en categorías interpretativas. Derrida llega quizás hasta diez. Los síes se pueden leer como formularios de preguntas, signos de obediencia o servilismo (sí, señor), estar de acuerdo con los hechos, síes de deseo, o cortesía distraída, etc. *Pero una lista así nunca podría cerrarse.*

Y ¿son estos síes *usos* o *citas* decidibles?

La indecidibilidad evita las maquinarias contemporáneas de la interpretación, incluso la de la industria de Joyce.

En el nombre de Joyce

El ordenador descarriló. ¿Y los expertos en Joyce?

CUANDO SE RECURRE A LA COMPETENCIA EXTERNA DE FILÓSOFOS, PSICOANALISTAS, LINGÜISTAS, ETC., NO ES PARA HUMILLARLOS Y PORQUE SE ESPERE RECIBIR NOTICIAS DE ELLOS: ¿LLEGAN POR FIN BUENAS NOTICIAS PARA LIBERARNOS DE LA INTERIORIDAD HIPERMNÉSICA EN LA QUE UNO DA VUELTAS COMO ALUCINADORES EN UNA PESADILLA? DEBERÍAMOS DESHACERNOS DE UNA DOBLE ILUSIÓN Y DE UNA DOBLE INTIMIDACIÓN. 1) NINGUNA VERDAD PUEDE PROVENIR DE FUERA DE LA COMUNIDAD JOYCEANA, Y SIN LA EXPERIENCIA, LA ASTUCIA Y EL CONOCIMIENTO ACUMULADO POR LECTORES EXPERIMENTADOS. PERO 2) TAMBIÉN, TENER EN CUENTA QUE NO EXISTE UN MODELO DE COMPETENCIA «JOYCEANA», NO HAY CIERRE POSIBLE PARA ELLO. NO EXISTE UN CRITERIO ABSOLUTO PARA MEDIR LA RELEVANCIA DE UN DISCURSO SOBRE EL TEMA DE UN TEXTO FIRMADO POR «JOYCE».

Las tareas de la crítica

Los procedimientos de Derrida han sido inusuales.

— Desestabiliza las relaciones habituales entre la obra literaria y el texto crítico. Su escritura no solo *responde* a *Ulises*, sino que es en parte *como* ella. Es una obra creativa, que comparte el proyecto de Joyce, prestando sus mecanismos literarios. Y esto ha sido considerado como una idea atractiva para muchos críticos literarios.

— Derrida busca los límites de la interpretación: los puntos donde sucumben los procedimientos críticos estándares, donde fracasa la interpretación segura. Ni los estudios sobre la AUTORÍA ni LECTURAS ANALÍTICAS MINUCIOSAS pueden escapar a estos puntos débiles.

— Derrida critica al *establishment* literario dirigente por creer que puede delimitar el espacio de su propia competencia, conteniéndose con seguridad dentro de sus propios límites y dominando lo que haya dentro de ellos: por ejemplo, los textos firmados con el nombre «Joyce».

La apertura del texto

¿Qué es lo que queda de los «fundamentos» de la crítica literaria? Quizás EL TEXTO. Ciertamente, podemos estar seguros de que disponemos de textos.

Pero, ¿qué es un texto? Si queremos estar seguros, un texto requerirá de unas características decidibles. Preferiblemente, tendrá:

Algunos **bordes** o **límites**, delimitando el interior del exterior, para así poder tratarlo como un «cuerpo» unificado, con límites. Debemos saber dónde acabar y dónde empezar.

Debería pertenecer a un **género** reconocible, que nos asegure qué tipo de texto es: una novela, un ensayo, una obra de teatro, un poema, etc.

Un **título** que propiamente lo nombre.

Un **autor**, o firmantes de algún tipo.

Derrida abre estos conceptos y los desestabiliza: no simplemente al escribir *sobre* ellos, sino señalando textos en los que operan de forma diferente. Quizás *Glas* sea su ejemplo más conocido...

Glas

Glas (1974) es un texto muy heterodoxo. Está dispuesto en dos columnas verticales, interrumpidas por inserciones de citas de diferentes autores en diferentes estilos tipográficos, formatos e idiomas. Quizás sea un *collage* radical.

La columna a mano izquierda de Derrida trata de los «grandes nombres» de la filosofía...

En la columna de la derecha, el relato de Derrida acerca de otro escritor...

Georg Wilhelm Friedrich HEGEL (1770-1831): filósofo idealista alemán, profesor en las Universidades de Jena, Heidelberg y Berlín, autor de la *Fenomenología del Espíritu, la Lógica y de la Filosofía del Derecho*. Defensor de la historia universal como historia del *Geist* (espíritu, o *logos*) en su progreso hacia la autoconciencia, un progreso dialéctico «inspirador» hacia el conocimiento absoluto.

Jean GENET (1910-86): escritor francés hijo ilegítimo, ladrón, reincidente, preso perpetuo del gobierno francés bajo la ley del relège; chico de compañía marsellés que «masculinizó» su homosexualidad «femenina» a través de su trabajo (el robo); artista literario apoyado por Sartre y otros intelectuales, autor de la autobiografía *Diario de un ladrón*, de novelas, obras de teatro y escenas realizativas (*Santa María de las Flores, Las criadas, Adame Miroir,* etc.).

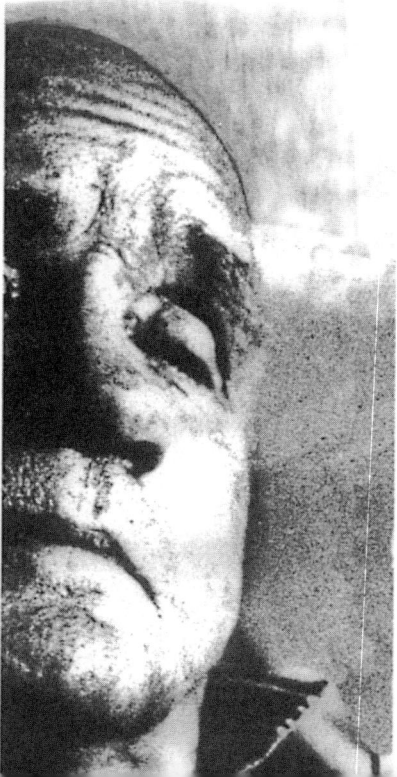

Glas abre la filosofía a la literatura. No se puede leer ninguna columna sin que su borde interno se abra constantemente a la otra. Y, en cada columna, Derrida cita e injerta cartas personales y documentos de Hegel, de sus textos filosóficos, y del diario de un ladrón y la prosa-poesía de Genet.

circulation du jouir dans le culte. *Telos* du culte, spéculer, la jouissance de Dieu et se la faire.

en suivant la galerie phénoménologique (« Ce devenir présente (*stellt... dar*) un mouvement lent et une conséquence d'esprits, une galerie d'images (*eine Galerie von Bildern*). »). de station en station, on revient vers l'IC et le So, passé le « calvaire de l'esprit absolu ». On y retrouve, tout près du « calvaire ». — à inspecter des deux côtés — la « certitude de son trône » (*Gewissheit seines Throns*). Il suffit en somme, à peine, d'attendre. Tout cela aura été projeté, mis en pièces, clos, cloué, tombé, relevé, répété, aux alentours de Pâques. Le cercle de la galerie phénoménologique se reproduit et s'encercle dans la grande logique et dans l'*Encyclopédie*. Quelle est la différence entre deux éditions du même cercle! Hegel qui vient d'apprendre « la vente rapide de la deuxième édition » de l'*Encyclopédie*, confie à Winter, en 1827, ses inquiétudes. Il lui demande de se porter « garant du paiement ponctuel des honoraires ». « Pour le nombre de feuilles primitif (18) dans la première édition, nous avons fixé les deux tiers de l'honoraire, se montant à 25 florins; pour le nombre de feuilles postérieur, nous sommes revenus à cet honoraire, et pour les 18 autres feuilles de la deuxième édition, nous nous sommes contentés de 22 florins par feuille; en concluant cet accord, je me suis réservé le droit de réclamer des honoraires pour ce qui serait ajouté dans une nouvelle édition. [...] Ce nombre de feuilles s'accroîtra-t-il dans la nouvelle édition, et de combien? Je ne puis encore en avoir aucune idée, étant donné que ce travail m'a surpris à l'improviste et que je n'ai encore pu parcourir l'ouvrage de ce point de vue; mais d'une façon générale, je prévois que je n'apporterai pas de modification ou d'addition importante. — Le tirage reste fixé comme auparavant à 1 000 exemplaires, avec 18 exemplaires d'auteur, 12 sur vélin et 6 sur papier à écrire. « Du fait que j'ai reçu si tard l'annonce du besoin d'une nouvelle édition (la lettre de M. Oswald est datée du 13 juillet), il résulte que l'envoi du manuscrit ne pourra avoir lieu que tard — plus tard sans doute que vous ne le souhaitez; avec mes travaux, qui depuis se sont accumulés, je ne puis encore rien dire de précis sur la date; mais je ferai mon possible pour que l'édition puisse paraître à Pâques. »

gymnastique.

Nous sommes dans le cercle dionysiaque. Le troisième moment de l'art abstrait, la religion qui s'y inscrit, c'est déjà la phase la plus abstraite du moment ultérieur, l'œuvre d'art vivante. A travers son syllogisme, un procès de langage s'affaire encore à la relève du reste.

Le premier moment unilatéral, c'est le délire bachique, le *Taumel*, l'ivresse débordante au cours de laquelle le dieu se rend présent. L'essence lumineuse ascendante se dévoile comme ce qu'elle est. La jouissance est le mystère de cette révélation. Car le mystique ne réside pas dans la dissimulation d'un secret (*Geheimnis*) ou d'un insu. Mais ce qui se dénude ici appartient encore à l'esprit immédiat, à l'esprit-nature. Le mystère du pain et du vin *n'est pas encore ce* qu'il est, *déjà*, celui de la chair et du sang. Dionysos doit donc passer dans son contraire, s'apaiser pour exister, ne pas se laisser boire et consommer par la « horde des femmes exaltées ».

Il fait alors de la

Así pues, ¿es *Glas* propiamente un texto?

Glas tiene límites, autores, un título, etc.
Pero no de un tipo estable.

¿Un autor?

Glas tiene *múltiples* signatarios y su autoridad queda
en duda (Derrida dice que las firmas siempre están
«divididas»). Incluso los nombres están desestabilizados.
Hegel rima con *aigle* (águila), y Genet con *genêt* (escoba
rubia). Derrida juega con estos nombres, tomandolos
como *palabras*, sujetos a la descomposición, en lugar
de ser simples designadores de personas.

¿Un título?

Glas en francés significa «toque», el tañido solemne de una campana. Se encuentra próxima a otras palabras, como *glace* (hielo; espejo o cristal de ventana). Es más bien una palabra que un sustantivo para un texto filosófico o crítico. *Glas* parece algo impropio, un abuso a la hora de nombrar.

¿Bordes y límites?

Glas tiene bordes, pero tantos que *estropean* el texto: lo dividen dentro de sí mismo. No hay totalidad ni unidad, falta el cuerpo del propio texto. Sus fragmentos ofrecen múltiples comienzos y finales.

En lo que concierne al **género**, ¿deberíamos considerarlo literatura (escenario, prosa-poema, *collage*), o filosofía (ensayo, exégesis, diálogo, crítica, comentario, coloquio)? ¿O podríamos, como Derrida, reconocer que es imposible *no mezclar* géneros?

Glas casi es un texto, y también es un poco más.

Filosofía, arte literario

Algunos críticos han leído *Glas* como una obra de arte, poniendo entre paréntesis sus preocupaciones filosóficas.

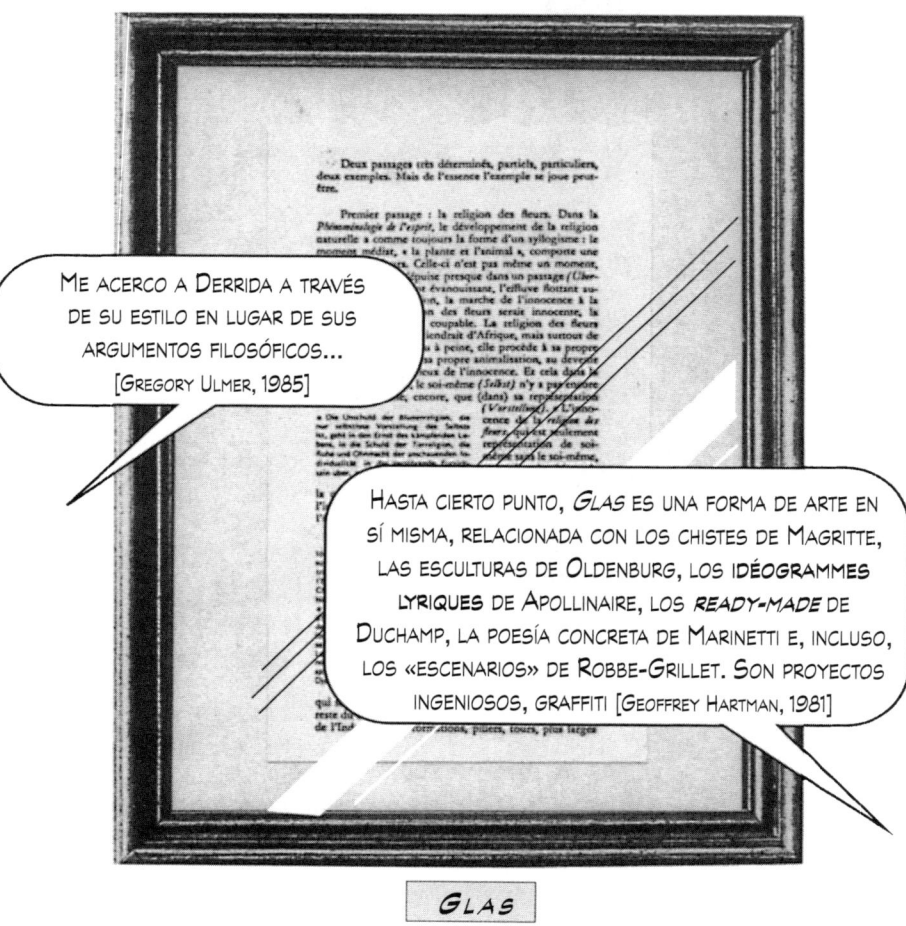

ME ACERCO A DERRIDA A TRAVÉS DE SU ESTILO EN LUGAR DE SUS ARGUMENTOS FILOSÓFICOS... [GREGORY ULMER, 1985]

HASTA CIERTO PUNTO, *GLAS* ES UNA FORMA DE ARTE EN SÍ MISMA, RELACIONADA CON LOS CHISTES DE MAGRITTE, LAS ESCULTURAS DE OLDENBURG, LOS IDÉOGRAMMES LYRIQUES DE APOLLINAIRE, LOS *READY-MADE* DE DUCHAMP, LA POESÍA CONCRETA DE MARINETTI E, INCLUSO, LOS «ESCENARIOS» DE ROBBE-GRILLET. SON PROYECTOS INGENIOSOS, GRAFFITI [GEOFFREY HARTMAN, 1981]

GLAS

Pero podría haber razones filosóficas para desestabilizar el texto, para jugar con la autoría, los límites, etc. Derrida ofrece una crítica de los argumentos de Hegel a favor de la *autoridad paternal*, a favor de la *familia*, a favor de la *Sagrada Familia* y del *Estado* a la hora de regular la verdad y su pasaje garantizado a través de canales autorizados.

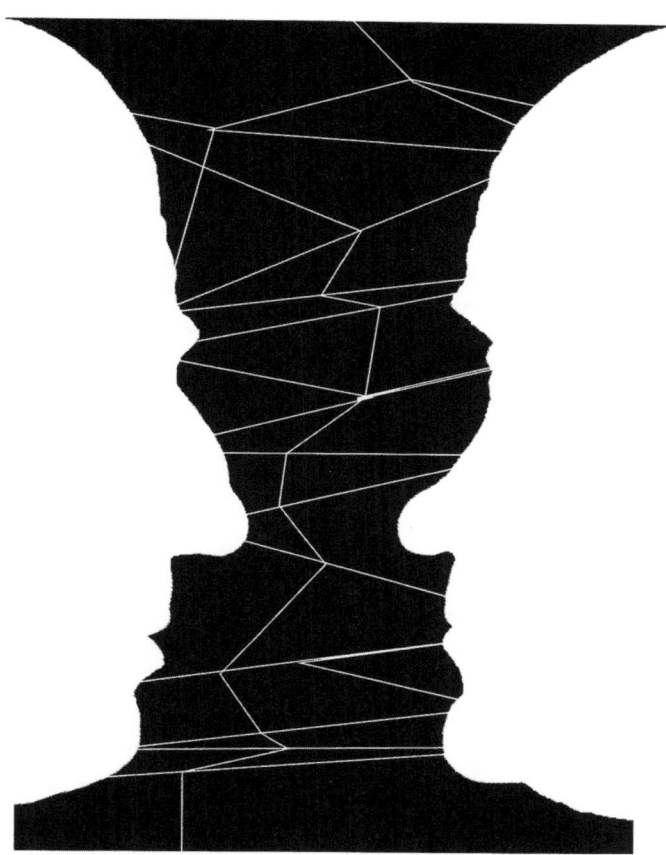

Por tanto, hay mucho en juego en el encuentro entre Hegel, el filósofo del derecho, y Genet, el chico de compañía del puerto: el comportamiento de la filosofía en su búsqueda de la verdad, pero también el gobierno llevado a cabo por el Estado y por las leyes del patriarcado.

El texto de Derrida convierte en figuras inestables a los filósofos, los ladrones, los padres y las familias. Sus identidades dejan de estar aseguradas, y tampoco lo están las jerarquías usuales: la escritura sacrosanta de la «verdad», las «transmisiones» garantizadas del conocimiento.

En *Glas*, los textos del filósofo no tienen resistencia asegurada frente a los del escritor literario, el ladrón u otros más. Una vez que la filosofía admite que es escritura, sus límites dejan de estar seguros.

LA ARQUITECTURA

Para Derrida, los movimientos más allá
de la filosofía y de la literatura eran
necesarios. Si el pensamiento
logocéntrico no está confinado
a los fenómenos *lingüísticos*,
tampoco lo está la deconstrucción.

Así, Derrida y otros pusieron
a funcionar la deconstrucción
en campos no-lingüísticos,
como la arquitectura y el arte.

¿ES LA DECONSTRUCCIÓN PURAMENTE LINGÜÍSTICA? ESE ES
UN GROSERO MALENTENDIDO, O UNA ESTRATEGIA POLÍTICA
PARA *LIMITAR* LA DECONSTRUCCIÓN.

La arquitectura deconstructiva

La deconstrucción en la *arquitectura* suena a algo extraño: ¿socavar los cimientos, sacudir las estructuras? ¿Podría ser práctica, bella, habitable?

Prácticamente se convirtió en un movimiento en 1988. El Museo Modern Art (MOMA) de Nueva York expuso obras de siete arquitectos con el título «Arquitectura deconstructivista». Diez años de debates marginalizados se reunieron en algún lugar cerca de un centro.

Los arquitectos del MOMA tenían diferentes actitudes ante la deconstrucción. Todos habían estado desafiando las suposiciones arquitectónicas, pero solo dos de ellos utilizaron el término «deconstrucción» de forma similar a la del sentido de Derrida: **Peter Eisenman** (1932) y **Bernard Tschumi** (1943).

En 1982, Tschumi, un arquitecto francosuizo de 39 años que vivía en Nueva York, había sido elegido para diseñar un «parque urbano para el siglo XXI», en La Villette, París. Se convirtió en el centro de los debates sobre la arquitectura deconstructiva.

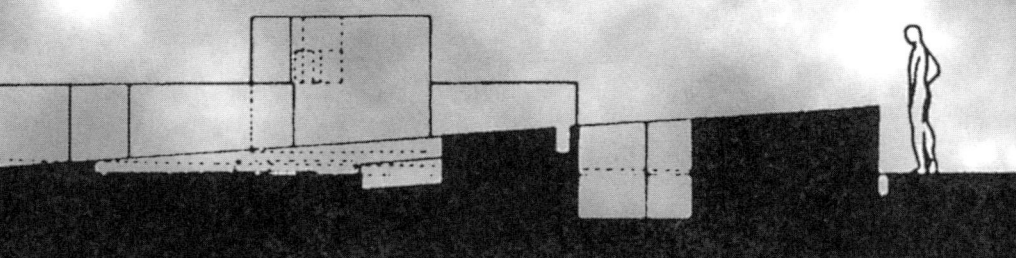

El Parque de La Villette

El Parque fue un proyecto oficial del gobierno francés, uno de los *Grands Projets d'urbanisme parisien* de François Miterrand. Como otros proyectos de los años 1980 (la Ópera de la Bastilla, la Pirámide del Louvre y el Gran Arco de la Defensa), fue estética, política y económicamente controvertido. El comité presidencial le asignó 125 acres (50,6 ha) y un presupuesto de 200 millones de dólares.

El lugar era anteriormente un matadero y un mercado, proyectado por el barón Haussmann en 1867 para procesar la carne de una forma moderna y «eficiente» en la parte noreste del París metropolitano. Bordeado por canales, ferrocarriles y el Boulevard Macdonald, se encuentra en el corazón del área en la que vive la clase trabajadora con una importante población inmigrante.

En gran parte completado en 1992, el Parque no es tanto una recreación del paisaje natural como un complejo urbano de ocio y entretenimiento de un kilómetro de largo.

La deconstrucción en el Parque

Tschumi propuso una «arquitectura de disyunción». ¿Se podría considerar como deconstructiva?

1)   Altera las suposiciones arquitectónicas sobre sistemas.

El Parque tiene sistemas: de *puntos*, *superficies* y *líneas*. Pero se encuentran superpuestos, con lo que se distorsionan mutuamente y, a veces, chocan unos con otros. Los caminos se cruzan con edificios, rampas y se cortan los escalones, etc. Los sistemas evitan la síntesis. No hay un único *resultado* coherente.

2)   Es una arquitectura contaminada.

Tschumi animó a que lo arquitectónico colisionase con ideas, elementos, formas, etc., no arquitectónicas, provenientes del cine, de la literatura y de otros campos culturales. «Fomenta el conflicto por encima de la síntesis, la fragmentación por encima de la unidad, la locura y el juego por encima de la gestión cuidadosa».

Todo esto apenas suena *funcional*...

La *Folie* funcional

Tschumi impulsó una «inestabilidad programática», desafiando las ideas habituales en la arquitectura de la *utilidad* programada. «Si históricamente la arquitectura ha consistido en la síntesis armoniosa de COSTE, ESTRUCTURA y USO, el Parque es la arquitectura contra sí misma».

Tschumi equipó al Parque con 41 *Folies*: cubos deformados de 10 metros cuadrados de acero rojo. Podrían ser funcionales, pero Tschumi intentó evitar que tuvieran funciones específicas por adelantado. Hasta el momento, los *Folies* han sido cafés, estudios de vídeo, una oficina de correos y una ludoteca infantil. Ha habido una *folie-belvedere* y una *folie-*centro de información.

Fr. *Folie* = locura, sinsentido, extravagancia y pequeña casa de campo.

Si esperamos que un edificio se anuncie a sí mismo en términos de funciones decidibles, las *Folies* quizás sean indecidibles.

«**Estamos apoyando la combinación de actividades aparentemente incompatibles (la pista de atletismo pasa a través del piano bar dentro del invernadero tropical)**».

Así pues, ¿la clínica contamina el basurero, y la residencia ministerial el taller del trabajador textil? Es una noción de gran alcance para las políticas de la arquitectura.

¿Las tácticas de Tschumi son deconstructivas en el sentido de Derrida? Los críticos se han mostrado divididos. Entonces, ¿qué es lo que ha dicho Derrida sobre la arquitectura?

En los años 1980 contribuyó con ensayos y entrevistas a los debates, escribiendo sobre el Parque de Tschumi y otros aspectos de la arquitectura deconstructiva...

LA DECONSTRUCCIÓN TIENE LUGAR EN ARQUITECTURA CUANDO HAS DECONSTRUIDO ALGUNA FILOSOFÍA ARQUITECTÓNICA, ALGUNAS SUPOSICIONES ARQUITECTÓNICAS.

La opinión de Derrida puede considerarse de dos formas...

1. Desafiar la autoridad de los conceptos filosóficos en arquitectura

La arquitectura ha dependido de oposiciones «esenciales» o «fundamentales», metafísicas en cuanto a estilo y abiertas a movimientos deconstructivos...

TEORÍAPRÁCTICA
FORMAFUNCIÓN
DENTROFUERA
PRESENCIAAUSENCIA
ÚTILINÚTIL
ESTÉTICONOESTÉTICO

La deconstrucción podría socavar los conceptos de la arquitectura derivados de la filosofía.

Si eso ocurre, entonces hay más en juego que hacer que *parezca* que los edificios se caigan, que se deslicen colina abajo o que exploten desde dentro. No existe un aspecto visual establecido de antemano para un edificio deconstructivo.

2. Cuestionar el pensamiento arquitectónico en la filosofía

La filosofía occidental ha utilizado, a menudo, términos arquitectónicos: metáforas de base y de superestructura, fundamentos y edificios, y momentos fundacionales y padres fundadores. Por ejemplo, Descartes escribió en el siglo XVII sobre «la fundación de una ciudad» para describir su inauguración de una nueva filosofía racionalista.

También Heidegger utilizó términos arquitectónicos: el edificio o la estructura de base y, más tarde, el lenguaje como la casa, el hogar envolvente o lugar de residencia del Ser.

EL LENGUAJE ES LA CASA DEL SER. EN SU HOGAR HABITA EL HOMBRE.

El pensamiento arquitectónico es logocéntrico. Una arquitectura deconstructiva podría resonar de nuevo en la filosofía, perturbando el poder de estas metáforas. Así pues, ¿pueden la filosofía y la arquitectura encontrar puntos de intercambio cercanos?

Colaboraciones: la filosofía y la arquitectura

En 1983, Tschumi invitó a Derrida para colaborar con el arquitecto neoyorquino Peter Eisenman en un jardín para La Villette. Derrida estaba trabajando sobre el *Timeo* de Platón y entró en el proyecto. El *Timeo* es el primer relato griego de la creación del mundo natural por un artesano-creador divino con un propósito.

Pero Platón tenía un problema. Mantiene que todo objeto tiene tanto una forma *ideal* (un modelo puramente inteligible, perfecto y eterno), como una copia cambiante *sensible*. La copia debe tener algún *lugar* en el que pueda crearse. Platón evoca uno: un receptáculo, o **jora**.

Timeo está dando un discurso...

DEBEMOS INTENTAR DESCRIBIR EN PALABRAS UNA FORMA QUE SEA DIFÍCIL Y OSCURA. ES EL RECEPTÁCULO Y, POR ASÍ DECIRLO, LA NODRIZA DE TODO DEVENIR Y CAMBIO.

PODEMOS UTILIZAR LA METÁFORA DEL NACIMIENTO. COMPAREMOS EL RECEPTÁCULO CON LA **MADRE**, EL MODELO IDEAL CON EL **PADRE** Y LO QUE PRODUCEN CON SU **DESCENDENCIA**...

ES UN TIPO DE MATERIAL MALEABLE, NEUTRAL Y PLÁSTICO, COMO EL ORO. LAS COSAS QUE ENTRAN Y SALEN DE ÉL SON COPIAS DE LAS REALIDADES ETERNAS...

Y PODEMOS DARNOS CUENTA DE QUE TODO LO QUE **CUALQUIER** TIPO DE CARÁCTER HA DE RECIBIR EN SÍ MISMO DEBE ESTAR DESPROVISTO DE **TODO** CARÁCTER.

EL RECEPTÁCULO ES INVISIBLE Y CARECE DE FORMA, LO ABARCA TODO, POSEÍDO DE LA MANERA MÁS DESCONCERTANTE DE LA INTELIGIBILIDAD Y, SIN EMBARGO, MUY DIFÍCIL DE APREHENDER...

ES ALGO ENTRE EL CONTENEDOR Y EL CONTENIDO. COMO LA ARENA EN LA PLAYA: NO ES UN OBJETO O LUGAR, SINO MERAMENTE EL REGISTRO DEL MOVIMIENTO DEL AGUA.

El interés filosófico de Derrida es que este no-lugar podría escapar a las ontologías clásicas. Es un *espaciamiento* más que un lugar. Resiste a la presencia.

> LA JORA ES UN **ESPACIAMIENTO** QUE ES LA CONDICIÓN NECESARIA PARA TODO LO QUE TIENE LUGAR. NO PUEDE SER REPRESENTADA.

Platón solo la puede describir amontonando metáforas elaboradas. Así pues, Derrida explora las metáforas, especialmente las relacionadas con la maternidad. La *jora* es matricial, como un útero. Es la madre y la nodriza. Derrida juega con la letra L, en francés también *elle*.

Y *jora* (también *chora*) es una palabra, abierta a la descomposición: coral... cuerdas vocales (*vocal chords*), estribillo (*chorale*)... el nombre Corelli; coral, «precioso y petrificado»... coreografías (*choreographies*)...

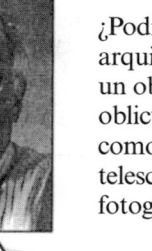

¿Podría considerarse este no-espacio de forma arquitectónica? Derrida ofreció algunas posibilidades: un objeto metálico dorado colocado de forma oblicua; o un armazón sólido, tramado o enrejado como un tamiz o un instrumento de cuerda; y un telescopio aéreo o un filtro de cámara, una máquina fotográfica o radiográfica, en relación con el resto.

> FINALMENTE OBLIGAMOS A JACQUES A DIBUJAR ALGO.

Obra Coral

Eisenman había estado trabajando de forma deconstructiva desde finales de los años 1970, cuestionando las oposiciones arquitectónicas: interior/exterior, estructura/decoración, etc.

Se le ocurrió un diseño policoral, citando tres textos:

— Su propio proyecto anterior de vivienda para Cannaregio, Venecia.

— El texto de Derrida sobre la *jora*, y su dibujo.

— El plan de Tschumi para el Parque, citado en la miniatura.

«Obra Coral» tiene un plano de acero inclinado con líneas grabadas al ácido que rastrean los sistemas de Tschumi.

Eisenman desplegó su estrategia de «extracción»: exponer los fundamentos del sitio, su historia e incluirlos en la obra. Si no están ahí, construirlos. Así, «Obra Coral» incluye fragmentos construidos de los antiguos muros de la ciudad de París en mármol blanco, y bajo tierra, los mataderos de 1867.

Hay «Formas
El [*elle*]
elevadas
en acero.

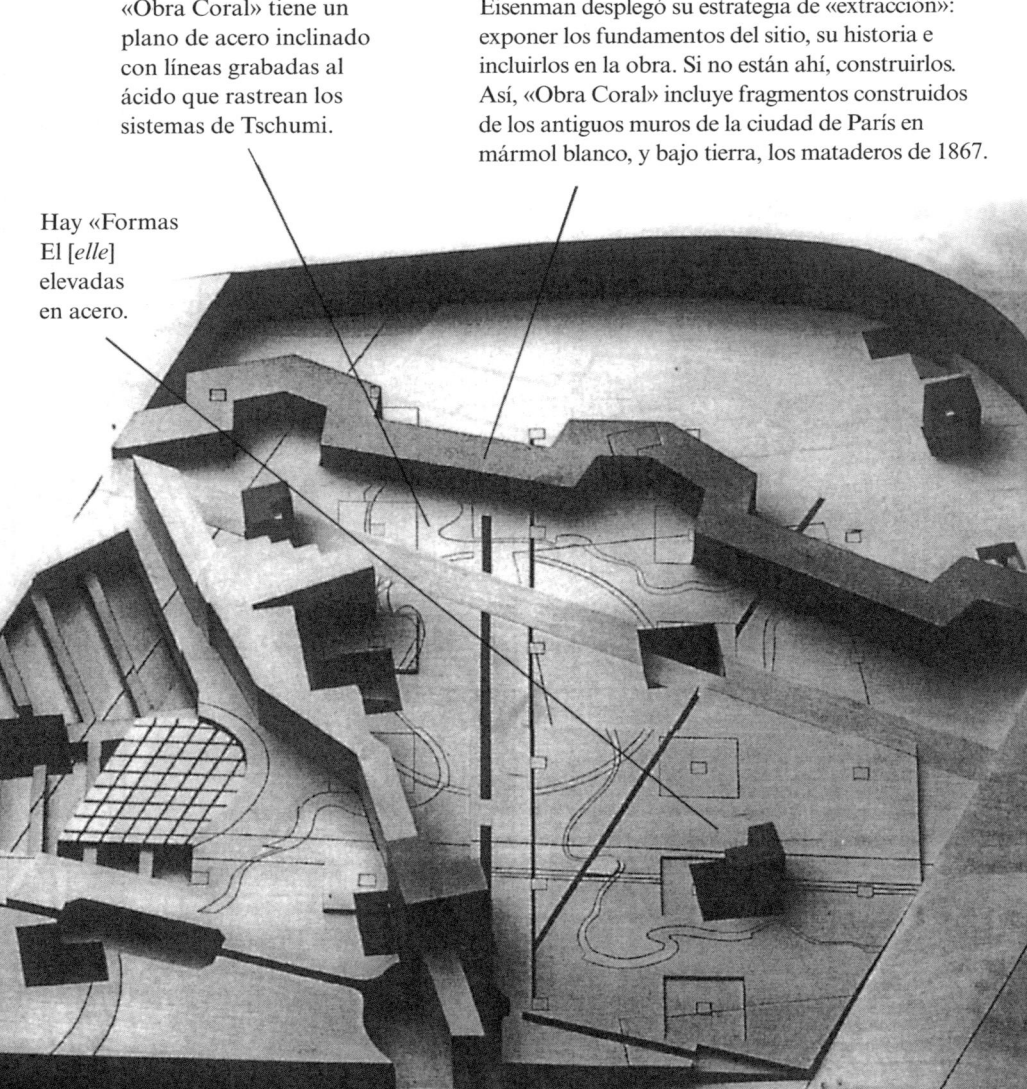

Los intercambios plantearon cuestiones importantes tanto para la arquitectura como para la filosofía.

¿Podría el plan de Eisenman «desontologizar» el espacio tanto como lo deseaba Derrida?

Por otro lado, ¿era siquiera posible tal movimiento filosófico para un arquitecto, condenado a lidiar con materiales abiertos a ciertas nociones de presencia (si es que se llegara a construir el edificio)?

COSTES

JACQUES SOLO ESTABA INTERESADO EN SU LÉXICO.

También estaban operando otras fuerzas externas. Planificada para comenzar en marzo de 1987, «Obra Coral» no se ha construido.

NO ESTOY SEGURO DE SI SE LLEGARÁ A CONSTRUIR. RESULTÓ ESTAR MUY POR ENCIMA DEL PRESUPUESTO Y EL CLIENTE SE ASUSTÓ. ES UN LUGAR PEQUEÑO, DE 21 POR 27 METROS, Y LA MAYORÍA SE ENCUENTRA BAJO TIERRA...

HABITABILIDAD · FUNCIÓN · POLÍTICA · BELLEZA · LEY

> ES UNA CRÍTICA DE TODO LO QUE SUBORDINA LA ARQUITECTURA A OTRA COSA: USO, BELLEZA O VIVIR. DEBEMOS RECHAZAR LA HEGEMONÍA DE LA FUNCIONALIDAD, DE LA ESTÉTICA Y DE HABITAR. ES UN MOVIMIENTO PARA LIBERAR A LA ARQUITECTURA DE TODAS ESTAS FINALIDADES EXTERNAS, ESAS METAS EXTRAÑAS.

Para Derrida, una arquitectura deconstructiva debe habérselas con esas fuerzas. Esto implica cuestionar las «sanciones tradicionales» de la arquitectura: que los edificios deban ser ÚTILES, BELLOS y HABITABLES.

Esto podría sugerir una arquitectura voluntariamente inútil, no funcional, inhabitable y, tal vez, imprudente. Pero las *reinscripciones* son posibles...

Sanciones y funciones

La arquitectura no se puede escapar del influjo de las fuerzas externas: la economía, la política, la legalidad, lo institucional, etc. «Obra Coral» no fue una excepción, incluso si era un poco más libre de lo normal.

La reinscripción

Podría ser que hubiera belleza, utilidad y funcionalidad, pero reinscritas en el edificio. Continuará habiendo limitaciones y finalidades externas, pero sujetas a un juego deformante.

Esta es la misma táctica que utilizó Derrida en *Glas*. No intentar rechazar o desestimar límites, autores, títulos, etc., sino reinscribirlos de formas que no permitan su operación cómoda y usual. Esto podría funcionar en la arquitectura.

Una arquitectura así tendrá que operar a través de poderosas «sanciones» por parte de la economía, la industria y la política capitalistas, así como de las nociones arraigadas de eficiencia técnica y habitabilidad. En la arquitectura, la deconstrucción se enfrenta a algunos de sus desafíos más difíciles.

¿Y los habitantes del *19th Arrondissement*? Viven cerca de un parque grande, un objeto de curiosidad arquitectónica internacional. Y quizás se hayan cuestionado algunas filosofías y supuestos arquitectónicos.

El posmodernismo

¿Es *posmoderna* la arquitectura deconstructiva?

La deconstrucción se ha visto, a menudo, arrastrada hacia la órbita de la cultura posmoderna o de la teoría posestructuralista. Pero Derrida se ha resistido al prefijo «pos».

La deconstrucción no pertenece a una época o a un período. Los movimientos deconstructivos puede que hayan sido características del posmodernismo, o del modernismo. Pero su principal preocupación es realizar alteraciones en las bases fundamentales de las prácticas culturales, independientemente de si son clásicas, modernas, posmodernas, etc.

Así, sería posible *leer* un edificio deconstructivo a través de los temas del posmodernismo (pluralismo, heterogeneidad, estilo retro, etc.). Pero también se podría hacer una lectura deconstructiva que buscara su potencial para desestabilizar los supuestos arquitectónicos y filosóficos.

Quizá también con el arte...

LAS ARTES VISUALES

Los críticos de arte y los historiadores han aplicado el pensamiento deconstructivo al arte visual. Por ejemplo, Sarat Maharaj encuentra un juego deconstructivo en el **Pop Art**. El Pop Art importa objetos e imágenes populares «encontrados» en el arte. ¿Se pueden interpretar como cultura popular o como arte? Maharaj los interpreta como *pharmakons*.

SON INDECIDIBLES. OSCILAN **ENTRE** LAS ARTES MATERIALES Y LOS OBJETOS COTIDIANOS, SIN PODER DECIDIRSE POR UN LADO DE LAS OPOSICIONES HABITUALES: ELEVADO/DE BAJA ESTOFA, SERIO/POCO SERIO, SAGRADO/PROFANO.

Es un movimiento que evita las lecturas polarizadas tradicionales, por ejemplo, O el Pop Art es un análisis de investigación sobre la cultura popular, una «droga de la verdad», O el Pop Art es tan vacuo, uniforme y efímero como el aspecto *Kitsch* que comporta: un «opiáceo para las masas».

Si tratamos sus objetos como indecidibles, estamos desestabilizando las distinciones opuestas sobre las cuales se fundamentan las lecturas polarizadas.

Jasper Johns

El historiador de arte Fred Orton sugirió que las obras de Jasper Johns (1930) pueden interpretarse de maneras deconstructivas. Por ejemplo, los títulos de John, a menudo, se sitúan entre las obras que parecen nombrar y otras obras. *Passage* (1962) también nombra el poema de Hart Crane *Passage*. *Between the Clock and the Bed* (1981) nombra también *Between the Clock and the Bed* del artista noruego Edvard Munch.

Estos títulos operan como *bisagras* (el término de Derrida es «*brisure*»), uniendo y, sin embargo, separando lo que está abisagrado, operando a través de una línea divisoria sin pertenecer nunca por completo a ninguno de los dos lados.

La obra de John de 1973 *Untitled (Skull)* está firmada, como lo debería estar una obra de arte, pero la firma está tachada, borrada.

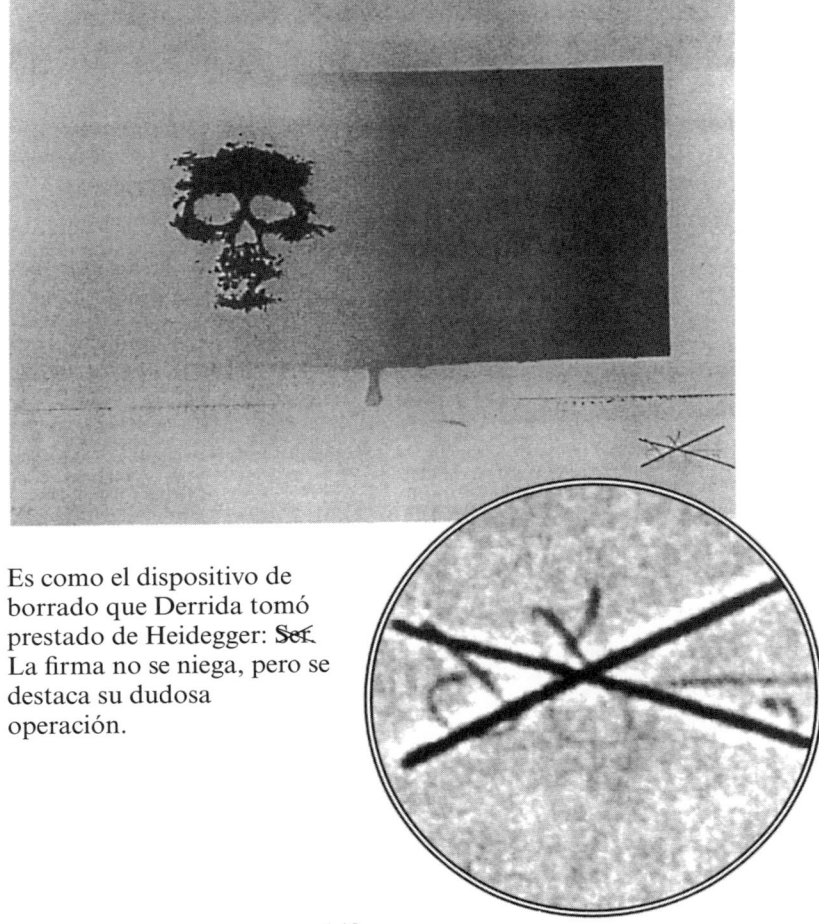

Es como el dispositivo de borrado que Derrida tomó prestado de Heidegger: ~~Ser~~. La firma no se niega, pero se destaca su dudosa operación.

La verdad en la pintura

Así pues, las artes visuales pueden utilizar estrategias deconstructivas, en cualquier época, y tal vez sin el nombre.

¿Qué ocurre con las contribuciones de Derrida? Escribió muchas veces sobre arte, especialmente en *La verdad en pintura* (1978).

Algunos de estos ensayos examinan el arte contemporáneo. Derrida escribe en forma de diario sobre el diarísticamente producido *Pocket-Size Tingit Coffin* de Titus-Carmel. Explora *Drawings After «Glas»*, de Valerio Adami, haciéndose eco del uso de los símbolos fragmentados y apenas fonéticos de Adami: gl, cl, tr, +R: lenguaje descompuesto.

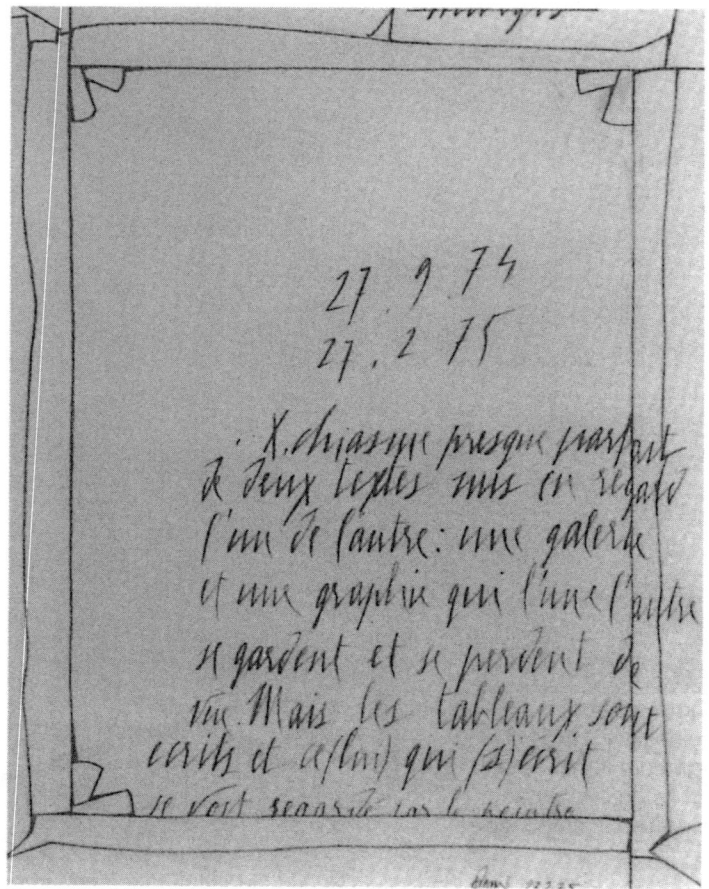

Drawings After «Glas», de Valerio Adami

144

Pero el principal interés de Derrida ha sido la naturaleza del discurso sobre arte: cómo las palabras escritas podrían relacionarse con artefactos visuales. También se cuestionó cómo y por qué ha llegado la estética a funcionar como un campo central de preocupación para la filosofía.

La estética de Kant

Derrida aborda la cuestión de la estética en una lectura de la *Crítica del juicio* (1790) de **Immanuel Kant**. Es una obra importante de la estética moderna, el campo filosófico que se pregunta qué es el arte, cómo se puede experimentar y cómo podemos juzgarlo o evaluarlo.

Immanuel Kant 1724-1804

Kant expone su análisis sobre la base de una *oposición*: razón pura/razón práctica.

Esto entraña otras distinciones: sensible/suprasensible, entendimiento/razón

Sobre todo, están en juego: objeto/sujeto naturaleza/mente.

Para Kant, el problema era tender un puente entre estas oposiciones o resolverlas. El juicio estético parecía lograrlo. Pero Derrida muestra cómo utilizó Kant su noción de la estética para *ocultar la imposibilidad* de hacerlo.

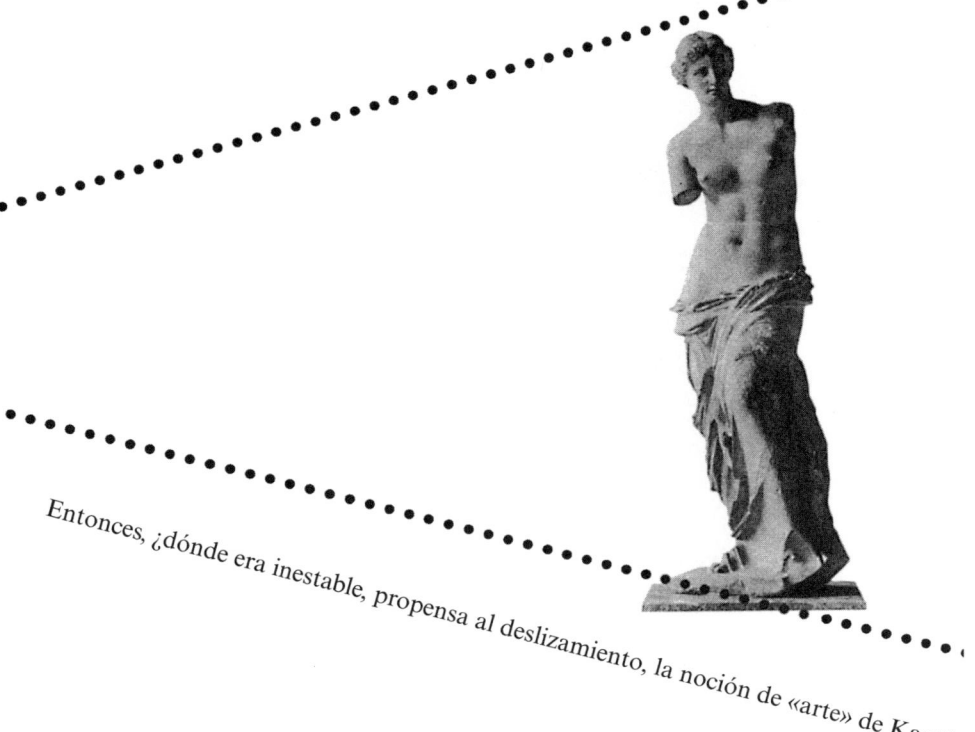

Entonces, ¿dónde era inestable, propensa al deslizamiento, la noción de «arte» de Kant?

Dentro/fuera

El «objeto estético» kantiano debe poseer belleza, valor y sentido **intrínsecos**. Esto se debe distinguir de todo lo **extrínseco** como su valor monetario, las circunstancias de producción o localización, etc.

LO QUE ES EXTRÍNSECO NO ES MÁS QUE CONTINGENTE, LO INTRÍNSECO TRASCENDERÁ ESAS MERAS PARTICULARIDADES.

Así, el objeto debe tener límites, que separen de forma cuidadosa su interior de su exterior.

ESTA EXIGENCIA PERMANENTE ORGANIZA TODO DISCURSO FILOSÓFICO SOBRE EL ARTE, EL SENTIDO DEL ARTE, Y EL SENTIDO MISMO, DESDE PLATÓN HASTA HEGEL, HUSSERL Y HEIDEGGER. PRESUPONE UN DISCURSO SOBRE EL MARCO.

Kant tenía que insistir en el marco que encierra y protege el interior, a la vez que crea un exterior. El exterior, a su vez, tiene que estar enmarcado, y así sucesivamente. Es la lógica del *parergon* (del griego «fortuito» o «trabajo accesorio»)...

148

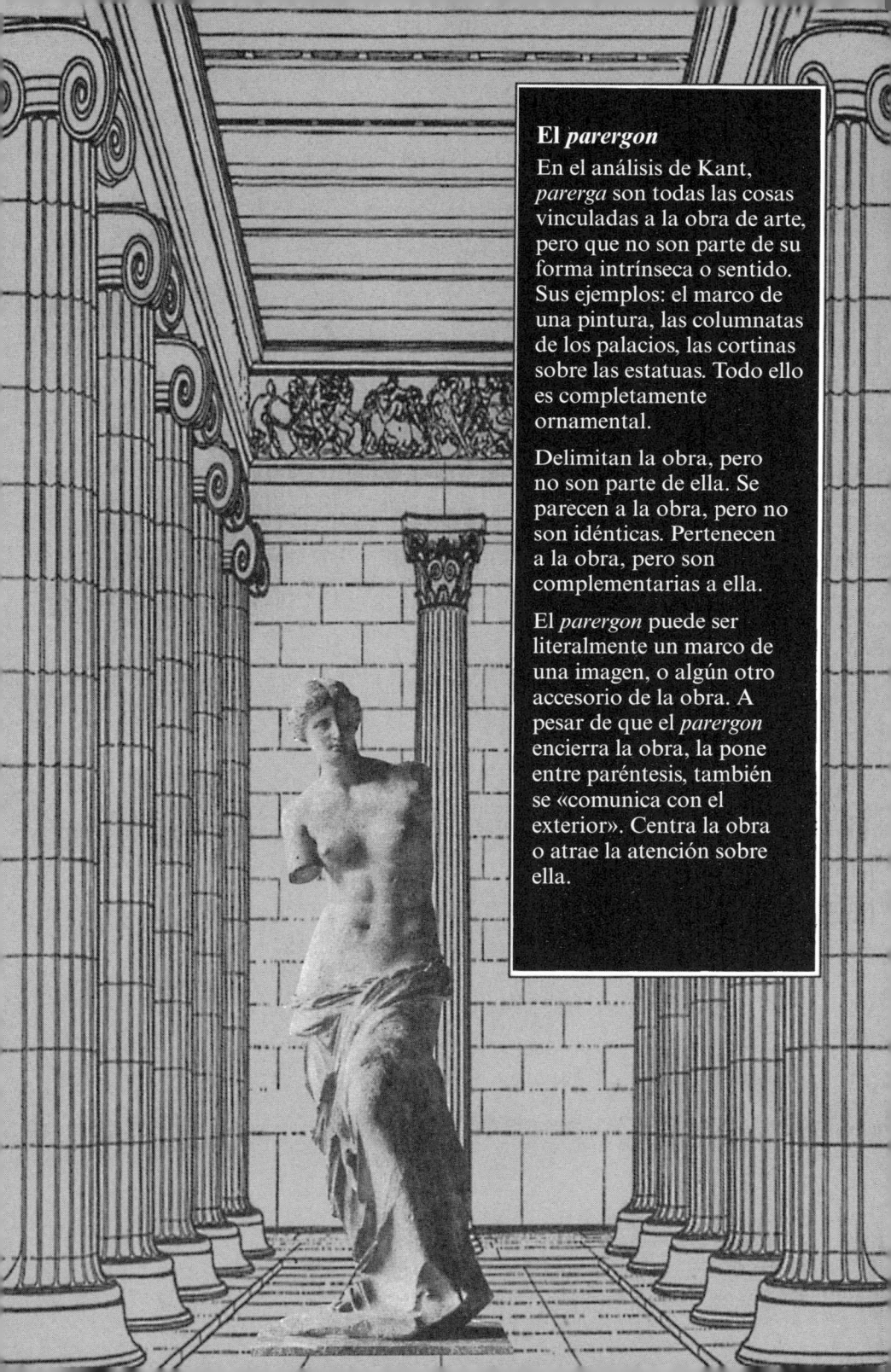

El *parergon*

En el análisis de Kant, *parerga* son todas las cosas vinculadas a la obra de arte, pero que no son parte de su forma intrínseca o sentido. Sus ejemplos: el marco de una pintura, las columnatas de los palacios, las cortinas sobre las estatuas. Todo ello es completamente ornamental.

Delimitan la obra, pero no son parte de ella. Se parecen a la obra, pero no son idénticas. Pertenecen a la obra, pero son complementarias a ella.

El *parergon* puede ser literalmente un marco de una imagen, o algún otro accesorio de la obra. A pesar de que el *parergon* encierra la obra, la pone entre paréntesis, también se «comunica con el exterior». Centra la obra o atrae la atención sobre ella.

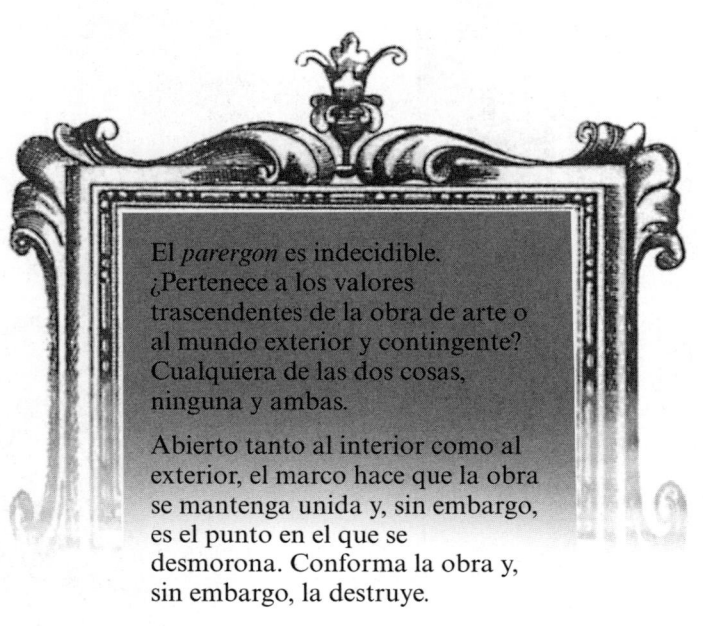

El *parergon* es indecidible. ¿Pertenece a los valores trascendentes de la obra de arte o al mundo exterior y contingente? Cualquiera de las dos cosas, ninguna y ambas.

Abierto tanto al interior como al exterior, el marco hace que la obra se mantenga unida y, sin embargo, es el punto en el que se desmorona. Conforma la obra y, sin embargo, la destruye.

A pesar de los esfuerzos de Kant, no puede haber límites seguros para el objeto estético que nos indiquen dónde comienza y dónde termina, dónde *debe* detenerse nuestra atención.

Si no podemos estar seguros sobre los límites del objeto estético, no se pueden garantizar categorías tales como «experiencia estética» y «juicio estético». Este es un problema para la historia del arte tradicionalista y un problema para la filosofía. Las oposiciones de la filosofía ilustrada de Kant no se pueden salvar ni resolver apelando al arte.

150

Mémoires d'Aveugles

La oposición dentro/fuera también ha dominado la escritura sobre el arte. Lo que está dentro del arte y, por tanto, lo esencial para la identidad del arte, es sobre lo que hay que escribir.
Y la escritura estará fuera de ello.

Derrida ha puesto en duda esta suposición. Por ejemplo, en 1990, comisarió para el Louvre, París, una exposición de dibujos y pinturas: «Les Mémoires d'Aveugles» («recuerdos/memorias del ciego»).

Trató las imágenes como parergonales, como los límites permeables de su escritura. Era una apuesta por llamar la atención sobre lo que normalmente es el «exterior» y establecer vínculos entre el interior y el exterior, entre lo esencial y lo inesencial.

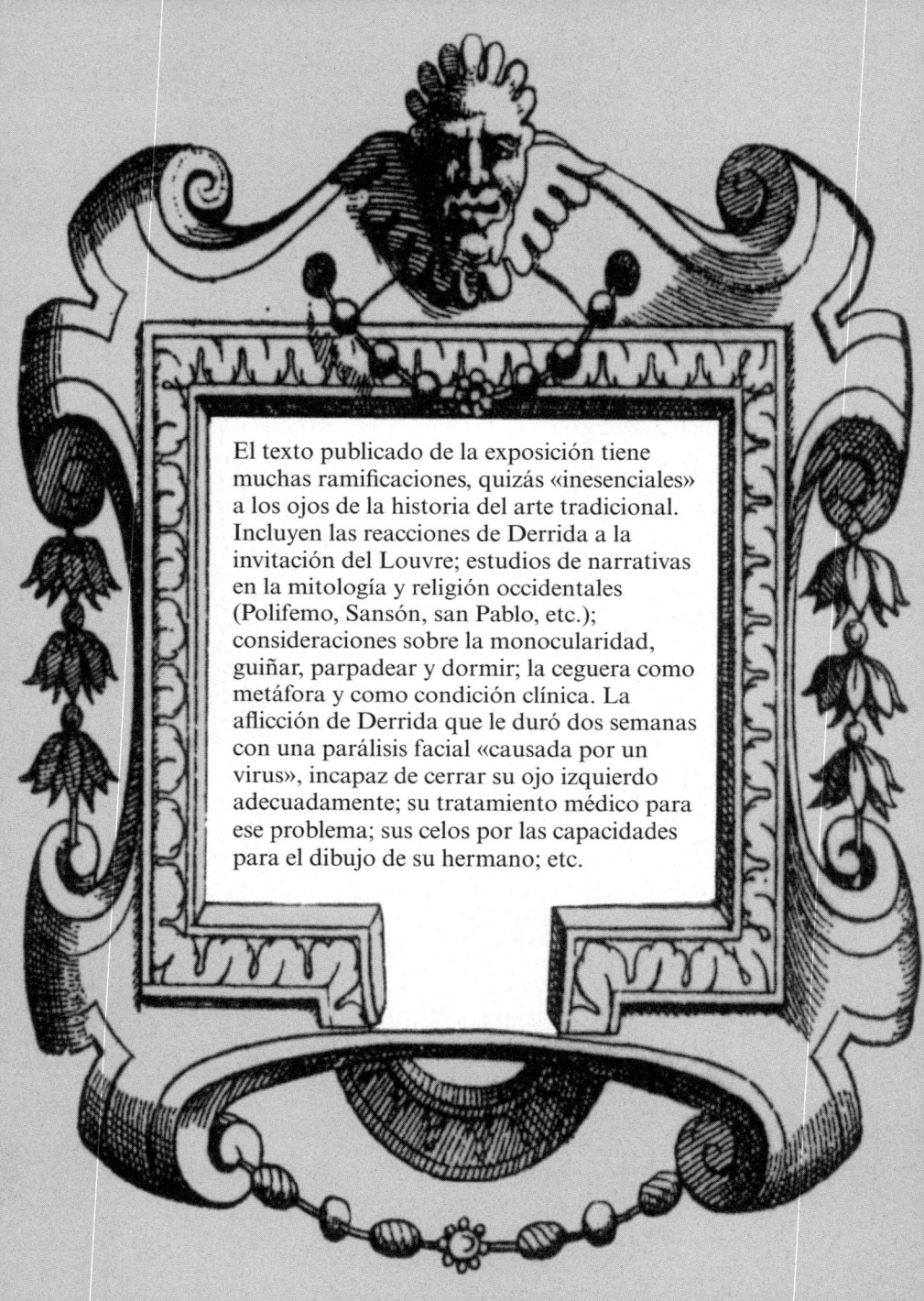

El texto publicado de la exposición tiene muchas ramificaciones, quizás «inesenciales» a los ojos de la historia del arte tradicional. Incluyen las reacciones de Derrida a la invitación del Louvre; estudios de narrativas en la mitología y religión occidentales (Polifemo, Sansón, san Pablo, etc.); consideraciones sobre la monocularidad, guiñar, parpadear y dormir; la ceguera como metáfora y como condición clínica. La aflicción de Derrida que le duró dos semanas con una parálisis facial «causada por un virus», incapaz de cerrar su ojo izquierdo adecuadamente; su tratamiento médico para ese problema; sus celos por las capacidades para el dibujo de su hermano; etc.

¿Estos discursos son *relevantes*, se pueden *colocar* a voluntad, dentro o fuera?

Butades y el origen de la pintura

La exposición de Derrida abrió el interior del arte de otras formas.
La figura del artista ha encarnado tradicionalmente el poder y
la prerrogativa de ver y hacer visible. Pero ¿puede el arte escapar
a la *ceguera*?

La imagen de apertura
de la exposición era
*Butades y el origen de
la pintura* (1791),
de Joseph-Benoît
Suvée, una pintura
de la joven corintia
Butades en la
antigüedad griega
quien, ante la
separación de su
amante, traza su
sombra en la pared.

PROVIENE DE UNA TRADICIÓN EN LA QUE EL ORIGEN DE LA PINTURA SE ATRIBUYE
A LA MEMORIA MÁS QUE A LA PERCEPCIÓN. LA NARRATIVA RELACIONA
EL ORIGEN DE LA REPRESENTACIÓN GRÁFICA CON LA AUSENCIA
O INVISIBILIDAD DEL MODELO.

Y esto sugiere una ceguera...

En la argumentación de Derrida, la pintura se origina en la ceguera.

a) El artista es ciego...

Mientras Butades dibuja, no puede ver a su amante. Es ciega ante él mientras dibuja.

Lo mismo se aplica a toda pintura. El objeto o modelo, incluso si se haya frente al artista, no se puede ver en el mismo momento en que se hace la marca del trazo. Siempre hay una laguna o retraso. El trazo depende de la *memoria*. Y cuando se invoca esta, se ignora el objeto presente: el artista será ciego ante él.

b) El proceso de pintar es ciego...

Pintar, como el lenguaje, es imposible sin el juego del trazo, el juego de la presencia y la ausencia. Y esto no se puede *ver*.

Así pues, hay una doble ceguera, con la presencia y la ausencia (el problema de Butades) en su origen. El poder artístico de ver y hacer visible está habitado por ceguras que no se pueden reconocer.

De este modo, los escritos de Derrida sobre arte, arquitectura y literatura investigan los conceptos fundacionales de estos campos, especialmente donde defienden la autoridad de la filosofía occidental. Pero su escritura ha planteado muchas preguntas.

¿NO PROVOCA SIMPLEMENTE LA ESTRATEGIA DE CONTAMINACIÓN QUE COLAPSE TODO TIPO DE ESCRITURA, TODA PRÁCTICA CULTURAL, APLANÁNDOLO TODO?

Esto haría que se derrumbaran todas las diferencias, convirtiéndolas en una indiferencia generalizada. La filosofía, la literatura, el arte y otras prácticas tienen sus especificidades, sus exigencias y características particulares. Es importante que se reconozcan. Derrida buscaba contaminaciones *estratégicas* en los puntos donde las suposiciones metafísicas ejercen su mayor poder.

¿NO ESTÁ PROMOVIENDO DERRIDA UN TIPO DE «SOLIPSISMO TRANSCENDENTAL» QUE NIEGA LA «REALIDAD FUERA DEL TEXTO»?

Se trata más bien de una cuestión consistente en replantear las relaciones usuales y asumidas entre la «realidad» y el «texto». Apelar a «lo real» es parte del aparato fundacional del pensamiento occidental: por ejemplo, en los positivismos filosóficos, en los materialismos, etc. Deconstruirlas es no dejar ninguna línea firme y clara entre los conceptos de realidad y representación.

¿NO ES LA DECONSTRUCCIÓN UN «NIHILISMO», UN MOVIMIENTO PURAMENTE NEGATIVO QUE, POR EJEMPLO, NIEGA LA POSIBILIDAD DE SENTIDO O DE ACCIÓN POSITIVA EN EL MUNDO?

La deconstrucción no niega el sentido, sino que problematiza sus suposiciones habituales. Y, para Derrida, la deconstrucción conlleva un impulso afirmativo: «conlleva una acción afirmativa, ligada a promesas, implicación, responsabilidades, compromiso».

Por tanto, la deconstrucción conlleva implicaciones POLÍTICAS y ÉTICAS.

LA POLÍTICA Y LAS INSTITUCIONES

Derrida ha abordado cuestiones políticas de diversas maneras.

Primero, su escritura ha planteado cuestiones **en general** relativas a la autoridad, las jerarquías, la ley y el derecho, y al lenguaje, la comunicación y las identidades: cuestiones filosóficas con implicaciones políticas.

Pero otra rama de su obra se ha preocupado de la política de las *instituciones*. La filosofía debe examinar su propia implicación en la transmisión del conocimiento y de la política del aprendizaje.

Derrida ha desempeñado un papel activo en la organización GREPH (*Groupe de Recherche sur l'Enseignement Philosophique*), creado en 1974. GREPH ha desafiado las prácticas tradicionales de la filosofía francesa, pero también hizo campaña contra los planes del gobierno para restringir la enseñanza de la filosofía. Era un proyecto paradójico: cambiar la filosofía mientras se reclama su mantenimiento, especialmente en las escuelas.

157

En 1983, Derrida ayudó a establecer el Collège International de Philosophie, patrocinado por el gobierno, y se convirtió en su primer director.

Impulsado por GREPH, el Collège promovió nuevas formas de actividad filosófica. Apoyó estudios interdisciplinares, la investigación sin metas o proyectos preestablecidos, la implicación de los profesores de las escuelas, y la interacción creativa y realizativa con arquitectos, músicos, artistas...

INSISTIRÍA EN ESTA OTRA DIMENSIÓN: NO SOLO EN LA FILOSOFÍA, SINO EN LAS ACTIVIDADES QUE OFRECEN RESISTENCIA A LA FILOSOFÍA Y PROVOCAN NUEVOS MOVIMIENTOS DENTRO DE ESTA. UN NUEVO ESPACIO EN EL QUE LA FILOSOFÍA NO SE RECONOCE A SÍ MISMA.

ARQUITECTURA

POLÍTICA

FILOSOFÍA

LAS ARTES

Escribir en torno a la política

Derrida también se implicó en la escritura y las actividades «políticas» en un sentido más amplio.

Ha emprendido la deconstrucción de textos e ideas políticas. Por ejemplo:

— La «Declaración de Independencia» americana.

— Los escritos de Rousseau y otros sobre la democracia.

— La noción de razón ilustrada como fuerza política.

— La cuestión de la identidad europea, con sus problemas de imperialismo, racismo y eurocentrismo.

Derrida ha escrito y dado conferencias en apoyo a movimientos políticos concretos (donde «apoyo» también significaba alguna deconstrucción estratégica). Entre ellas se incluyen el desarme nuclear y el discurso de la «disuasión», y el movimiento a favor de la emancipación racial en Sudáfrica.

Pero la política de la deconstrucción es una cuestión controvertida...

159

Alineamientos y lealtades

La deconstrucción puede parecer
«revolucionaria», pero Derrida
ha cuestionado este planteamiento.
El pensamiento revolucionario es
teleológico. Se desarrolla *desde*
un origen *hacia* una meta: es un
procedimiento metafísico. Su
objetivo es derrocar las jerarquías
sociales y políticas. Puede que a
esto se le diera la bienvenida, pero
el principal interés de Derrida ha
sido el *desplazamiento* más que
el derrocamiento.

SIEMPRE HAY UN ELENCO CONSERVADOR
A SU DISPOSICIÓN.

¡DECONSTRUYE!

La deconstrucción se resiste al
posicionamiento. Se resiste a ser
definida en términos de *programas* o
posiciones, de izquierda o derecha, etc.
En opinión de Derrida, no hay ningún
programa. Cada acto tendrá que rehacer
el suyo.

Si la deconstrucción asume
responsabilidades de naturaleza política,
no debería renunciar a su vigilancia
interrogativa: «la deconstrucción
debería buscar una nueva investigación
de la responsabilidad, cuestionando
los códigos heredados de la ética
y de la política».

De forma inevitable, la deconstrucción
ha sido considerada como políticamente
versátil, disponible para las tendencias
conservadoras, liberales, de izquierdas
o emancipatorias. A finales de los años
1980, dos controversias centraron la
atención sobre estas cuestiones.

Las disputas heideggerianas

Derrida ha reconocido, a menudo, su deuda intelectual con Martin Heidegger, a pesar de que considera su propia obra como un alejamiento de ella: un *cuestionamiento* de los conceptos heideggerianos de origen, propiedad, tiempo y, especialmente, presencia.

LA OBRA DE HEIDEGGER ES EXTREMADAMENTE IMPORTANTE PARA MÍ, Y CONSTITUYE UN AVANCE NOVEDOSO E IRREVERSIBLE, CUYOS RECURSOS CRÍTICOS ESTAMOS LEJOS DE HABER AGOTADO.

Pero se sabía desde hacía mucho tiempo que Heidegger había apoyado el fascismo alemán y sus trayectorias sociales, lo que denominaba la «verdad interior y la grandeza de este movimiento (es decir, el encuentro entre la tecnología global y el hombre moderno)».

Los hechos se volvieron a publicar con nuevas investigaciones en 1987. Víctor Farías y otros defendieron que la implicación de Heidegger era un compromiso arraigado y antiguo, no un compromiso profesional temporal.

Heidegger fue nombrado rector de la Universidad de Friburgo en 1933, en los primeros años del gobierno Nacionalsocialista de Hitler. Se unió al partido. Sus primeros movimientos administrativos desmantelaron las estructuras democráticas de la universidad, y su discurso inaugural alentó a los jóvenes a «sacrificarse por la salvación de nuestro ser esencial de la nación y el aumento de su fuerza más íntima en su política».

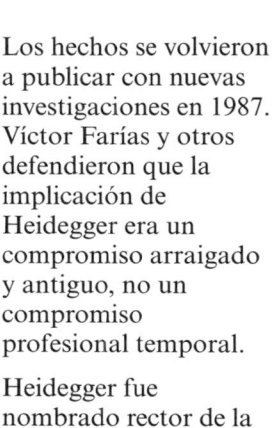

EL FÜHRER, Y SOLO ÉL, ES LA REALIDAD ALEMANA ACTUAL, DEL FUTURO Y DE SU LEY.

Así pues, ¿estaba Heidegger ofreciendo una filosofía que encajaba con la trayectoria política del fascismo? Esa ha sido la lectura de muchos críticos. Por ejemplo, Peter Osborne: «*Adoptó el autocreado papel del salvador filosófico de Alemania. Le ofreció a Hitler una revolución conservadora en la filosofía: una cartografía del **Espíritu** cristiano excatólico, de la hermenéutica de Husserl y de la revolución modernista*».

Derrida ha sugerido que hay más en la filosofía de Heidegger que la ideología alemana del período de entreguerras.

NO SE DEBERÍA PENSAR QUE EL «ANTISEMITISMO» INSINUADO SALTE, POR «CONTAGIO ATMOSFÉRICO», A CUALQUIERA QUE SE ENTRETENGA EN UNA LECTURA ATENTA DE HEIDEGGER.

Efectivamente, la filosofía de Heidegger cabe ser defendida por encima de su política.

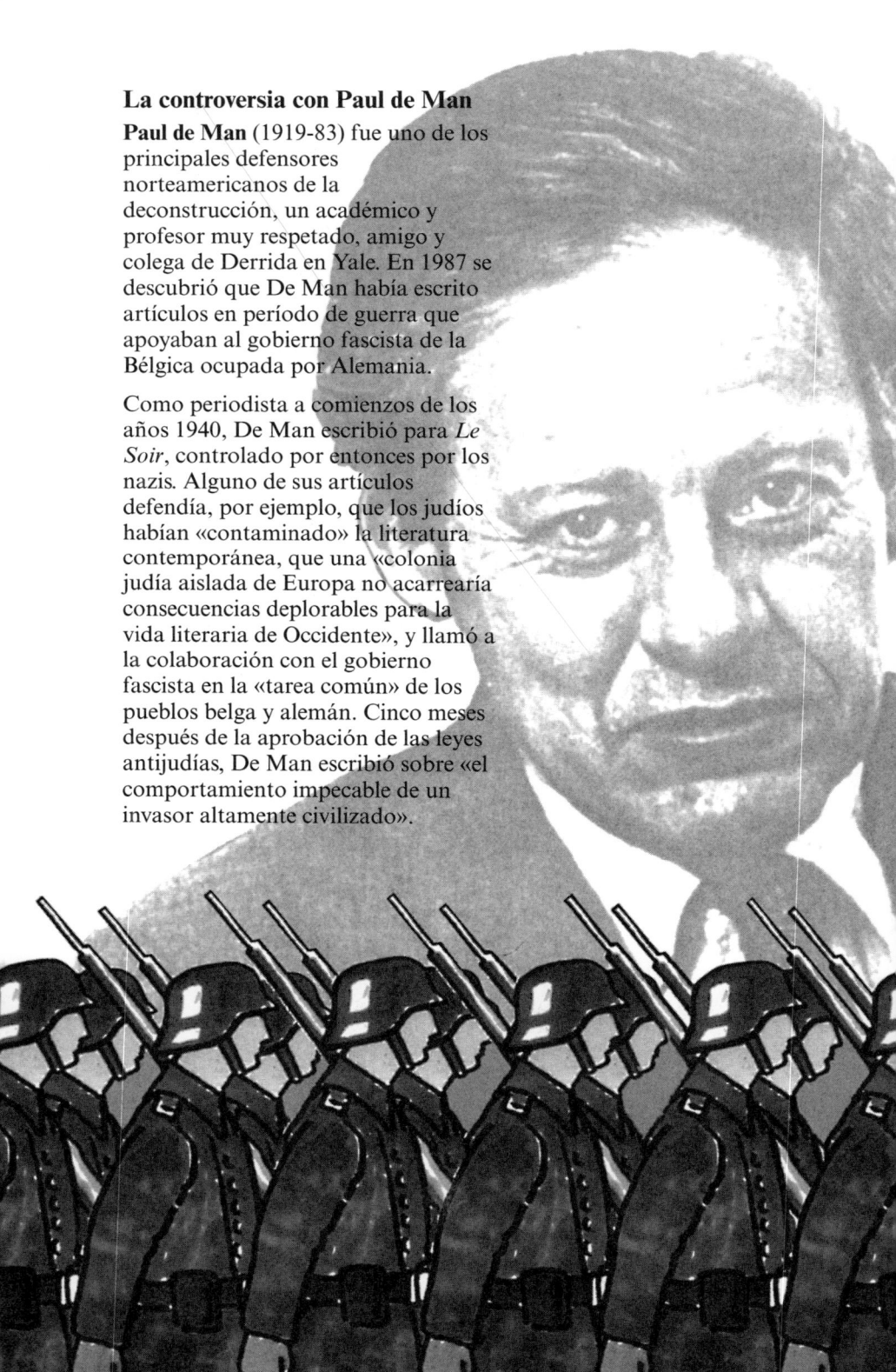

La controversia con Paul de Man

Paul de Man (1919-83) fue uno de los principales defensores norteamericanos de la deconstrucción, un académico y profesor muy respetado, amigo y colega de Derrida en Yale. En 1987 se descubrió que De Man había escrito artículos en período de guerra que apoyaban al gobierno fascista de la Bélgica ocupada por Alemania.

Como periodista a comienzos de los años 1940, De Man escribió para *Le Soir*, controlado por entonces por los nazis. Alguno de sus artículos defendía, por ejemplo, que los judíos habían «contaminado» la literatura contemporánea, que una «colonia judía aislada de Europa no acarrearía consecuencias deplorables para la vida literaria de Occidente», y llamó a la colaboración con el gobierno fascista en la «tarea común» de los pueblos belga y alemán. Cinco meses después de la aprobación de las leyes antijudías, De Man escribió sobre «el comportamiento impecable de un invasor altamente civilizado».

De Man emigró a los EE.UU. en 1947, ocultando su pasado. Cuando murió en 1983, Derrida pronunció la oración fúnebre. Publicó conferencias conmemorativas en 1986 y una defensa de De Man en 1988.

A estas revelaciones le siguió un encendido debate. Los críticos pusieron en entredicho no solo la autoridad y credibilidad de Paul de Man y de su obra, sino también la de la deconstrucción.

El debate fue complejo, pero surgieron principalmente dos cuestiones.

Primero, ¿estaba conectado el periodismo de guerra de De Man con su teoría literaria deconstructiva, y si así fuera, de qué forma? Los críticos se hallaban divididos...

Christopher Norris: «La obra tardía se puede leer como un *deshacer* silencioso y reparador de la temprana: como en el horror de Man ante las totalidades, las teleologías, las doctrinas «inmediatistas» y las afirmaciones de «verdad absoluta».

Terry Eagleton: «Denominar a su obra tardía una "continuación del fascismo bajo otro nombre" es una hipérbole temeraria. Pero, sin embargo, hay una continuidad en la oposición resoluta de De Man a las políticas emancipatorias. El ultraderechismo temprano muta en un hastiado escepticismo liberal respecto a la eficacia de cualquier forma de acción política radical».

La otra cuestión importante era cómo se podría interpretar el periodismo de De Man. Derrida exploró las posibilidades en su ensayo de 1988, «*Like the Sound of the Sea Deep Within a Shell*» («Como el sonido del mar en el fondo de una caracola»).

Derrida reconoció que los textos de De Man tenían un efecto general y dominante. En su mayoría, operaron en conformidad con la retórica oficial nazi. [Derrida]: «*Hay* una violencia y una confusión imperdonables en estos textos».

Pero quizás este efecto general no fuera consistente. De Man había apoyado a escritores modernistas como Kafka, Gide, D. H. Lawrence y Ernest Hemingway. Sus proyectos y textos eran antipáticos al nazismo. Y Kafka era judío.

Derrida descubrió más inconsistencias. En un artículo, de Man comienza *criticando* el antisemitismo «vulgar». Por supuesto, podría haber estado implicando que existía una variedad «distinguida». Pero no menciona ninguna.

LA FRASE TAMBIÉN PUEDE SIGNIFICAR OTRA COSA, Y ESTA LECTURA SIEMPRE PUEDE CONTAMINAR A LA OTRA DE FORMA CLANDESTINA: CONDENAR EL «ANTISEMITISMO VULGAR», ESPECIALMENTE SI NO SE MENCIONA EL OTRO TIPO, ES CONDENAR AL ANTISEMITISMO EN SÍ MISMO EN LA MEDIDA EN QUE ES VULGAR.

«ANTISEMITISMO VULGAR»

VULGARIDAD ANTISEMITISMO

O

VULGARIDAD ANTISEMITISMO

DE MAN TAMPOCO DICE ESO. SI ESO ES LO QUE PENSABA, UNA POSIBILIDAD QUE NUNCA DESCARTARÉ, NO PODRÍA HABERLO DICHO DE UNA FORMA TAN CLARA EN ESE CONTEXTO.

El artículo de De Man se había impreso junto a otros artículos antisemíticos muy «vulgares». [Derrida]: «Estos coinciden, en su vocabulario y lógica, con lo que acusa de Man, como si su artículo estuviera denunciando a los artículos vecinos».

Es una lectura de una sutileza considerable. Derrida añade una preocupación más. ¿No era el vilipendio de de Man una reminiscencia de las mentalidades excluyentes y erradicadoras del fascismo?

PdM   J. D

PEDIR QUE SE CIERREN SUS LIBROS (ES LO MISMO QUE DECIR, AL MENOS DE FORMA FIGURADA, QUE SE CENSUREN O SE QUEMEN) IMPLICA REPRODUCIR EL GESTO EXTERMINADOR CONTRA AL QUE SE ACUSA A DE MAN DE NO HABERSE ARMADO ANTES.

Los críticos más ardientes de Derrida se opusieron a esta lógica.

Terry Eagleton: «Convierte a de Man en la víctima más bien que a los judíos belgas. Desplaza toda la cuestión hasta la malicia de los críticos de De Man: *ellos* son los verdaderos totalitaristas. Eso es sofistería de pacotilla».

Pero hay más en la política deconstructiva de lo que esto sugiere...

La deconstrucción y el feminismo

¿Cómo se puede relacionar la deconstrucción con las luchas políticas prácticas y contemporáneas?

En la entrevista «Coreografías» (1982), Derrida sugiere algunas posibilidades. Las políticas en cuestión son feministas, y la deconstrucción no tiene una alianza simple con ellas...

Para algunas feministas («de la diferencia»), la deconstrucción parece útil. Por decirlo de forma simple, funciona para desarticular categorías como macho/hembra o masculino/femenino: las bases de la sexualidad patriarcal.

Otras feministas (por ejemplo, las feministas «de la igualdad») lo han considerado como una desviación o apropiación del feminismo. Al rechazar alianzas políticas claras, la deconstrucción no ofrece unas bases para la acción política feminista. Es el arma más moderna del arsenal de los filósofos masculinos...

A primera vista, algunos de los argumentos de Derrida apoyan el último punto de vista. A veces ha insistido en el alejamiento de la deconstrucción del feminismo.

FEMINISMO: ES LA OPERACIÓN A TRAVÉS DE LA CUAL UNA MUJER DESEA SER IGUAL QUE UN HOMBRE, COMO UN FILÓSOFO DOGMÁTICO QUE EXIGE LA VERDAD, LA CIENCIA, LA OBJETIVIDAD. ES DECIR, CON TODAS LAS ILUSIONES MASCULINAS. LA DECONSTRUCCIÓN CIERTAMENTE NO ES FEMINISTA... SI HAY UNA COSA EN LA QUE NO DEBE CONVERTIRSE, ES EN FEMINISMO.

Pero hay más. Derrida no niega simplemente la necesidad de las luchas políticas feministas. Tienen su lugar. El feminismo debe deconstruirse, pero también es «una forma necesaria en un momento concreto».

Las coreografías

En la entrevista «Coreografías», el entrevistador de Derrida invocaba la figura de **Emma Goldman** (1869-1940), una «feminista inconformista del siglo XIX».

SI NO PUEDO BAILAR NO QUIERO SER PARTE DE VUESTRA REVOLUCIÓN.

Bailar y revoluciones: el interés de Derrida era el desajuste de sus pasos.

«Tu feminista disidente se mostró dispuesta a romper con la forma de consenso más autorizada y dogmática, la que afirma hablar en nombre de la "revolución" y de la "historia"...».

Derrida sugiere, contra los protocolos de los movimientos revolucionarios «organizados» con objetivos históricamente concebidos de antemano, una historia completamente diferente...

«... una historia de leyes paradójicas, de diferencias sexuales inauditas e incalculables; una historia de mujeres que "fueron más allá" al retroceder con su danza solitaria, o quienes están inventando actualmente expresiones sexuales a distancia del foro principal de actividad feminista, mientras aún son capaces de adherirse a él o convertirse ocasionalmente en una de sus militantes».

De forma implícita, el paso atrás y la danza son deconstructivos. Contra esto, el feminismo revolucionario es REACTIVO.

Derrida toma el término de **Friedrich Nietzsche** (1844-1900).

LAS FUERZAS **REACTIVAS** SON UTILITARISTAS, MERAMENTE ADAPTATIVAS Y AUTOLIMITANTES. LAS FUERZAS **ACTIVAS** Y SUBYUGANTES OPERARÁN HASTA SU LÍMITE, AFIRMANDO SU DIFERENCIA Y HACIENDO DE ESTA UN OBJETO DE DISFRUTE Y AFIRMACIÓN.

El feminismo REACTIVO, comprometido en luchas organizadas, tiene que lidiar con el lenguaje cotidiano habitual y las prácticas económicas, la ley, los derechos, los medios de comunicación, etc. Tiene que aceptar las presuposiciones y fundamentos metafísicos. Las fuerzas ACTIVAS son un danzar. Derrida reconoce la dificultad: «la dificultad más seria es la necesidad de armonizar la danza y su ritmo con la revolución. La locura de la danza también puede comprometer las oportunidades políticas del feminismo y servir como coartada para desertar de las luchas feministas organizadas, pacientes, laboriosas, haciendo frente a todas las formas de resistencia que no pueden disipar un movimiento de danza».

171

¿Qué hacer entonces? Derrida no sugiere que se deba combatir frontalmente al feminismo reactivo. Pero podría impedírsele que ocupara todo el campo, que se convirtiera en «lo que es el feminismo».

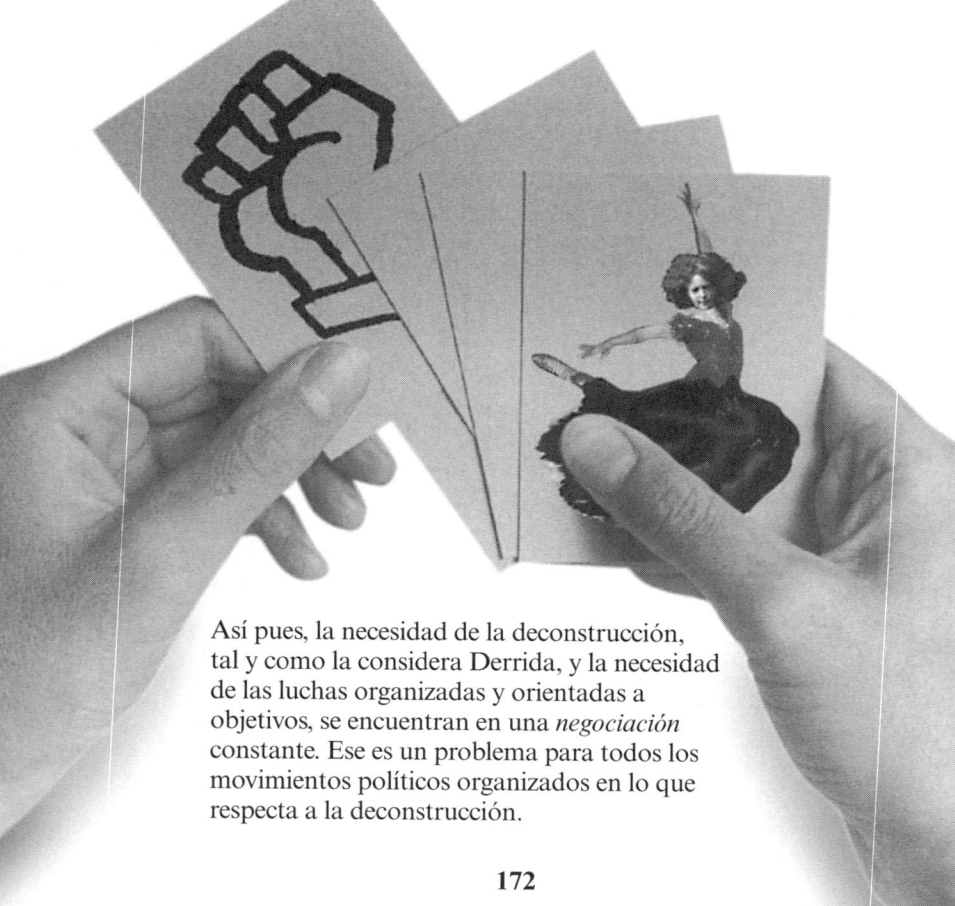

SE PUEDE VER EL TIPO DE COMPROMISO IMPOSIBLE Y NECESARIO AL QUE ESTOY ALUDIENDO: UNA NEGOCIACIÓN INCESANTE, DIARIA (INDIVIDUAL O NO), A VECES MICROSCÓPICA, A VECES INTERRUMPIDA POR UNA APUESTA SIMILAR AL PÓQUER, SIEMPRE DESPROVISTA DE SEGURIDAD...

Así pues, la necesidad de la deconstrucción, tal y como la considera Derrida, y la necesidad de las luchas organizadas y orientadas a objetivos, se encuentran en una *negociación* constante. Ese es un problema para todos los movimientos políticos organizados en lo que respecta a la deconstrucción.

Marx y los marxismos

¿Puede tener la «danza» algún peso frente a la necesidad de revoluciones políticas emancipadoras? El compromiso de Derrida con el marxismo en 1993 fue acogido con interés. Fue considerado como parte de un «giro ético» en la deconstrucción.

También se dijo que tenía que haber tenido lugar mucho tiempo antes. Derrida había tenido algunos contactos de debate con el grupo marxista *Tel Quel* en los años 1960, y había sido amigo y colega de Louis Althusser, filósofo que dirigió el estructuralismo marxista francés en La École Normale Supérieure. Derrida encontró útiles sus intentos por liberar el marxismo del pensamiento teleológico de Hegel.

Derrida mantuvo un relativo silencio sobre el marxismo durante los siguientes 25 años. Decía que las máquinas del dogma continuaban operando.

Quizás fuera un silencio táctico. Deconstruir el marxismo podría haberle hecho cómplice de la derecha anticomunista de la Guerra Fría.

Los espectros de Marx

Con la caída de los gobiernos comunistas de Europa del Este en 1989, Derrida retornó a la cuestión del marxismo.

Los espectros de Marx (1993) sugiere que la deconstrucción se enfrentaba a dos fuerzas opuestas...

Me enfrentaba, sin duda, al «marxismo» de facto o «comunismo» (la Unión Soviética, los partidos de la Internacional Comunista, y cualquier cosa derivada de ellos).

Por otro lado, había otro oponente: la nueva derecha de las democracias occidentales neoliberales. Derrida se oponía a la derecha política en su «triunfalismo maníaco» sobre el colapso del comunismo. Es un discurso dogmático, una puja por el dominio, incapaz de reconocer que los horizontes del capitalismo y del liberalismo «nunca habían sido tan oscuros, tan amenazantes y amenazados».

Así, en contra de la complacencia engreída de la nueva derecha y de la socialdemocracia, Derrida ofrece una lista de acusaciones contra el capitalismo global contemporáneo. Es una imagen deprimente del aumento de la miseria humana, y Derrida echa la culpa en gran parte a los mismos protagonistas, como la mayoría de los marxistas habían hecho.

¿Qué queda de **Karl Marx** (1818-83)? Derrida lo resucita, pero de forma *fantasmagórica*. Desplaza la ontología realista marxista, la idea de que una realidad pasada o presente cognoscible sin los «espectros» de su propia construcción. En los escritos de Marx existe una huida de la noción de «espíritu». Para Derrida, el espíritu es importante: no se debería negar ni exorcizar.

OCUPA EL LUGAR DE LA POSIBILIDAD **ENTRE** LOS IDEALES ABSTRACTOS Y LOS INTENTOS POR ENCARNARLOS EN LA PLENA ACTUALIDAD «PRESENTE». EN LUGAR DE ONTOLOGÍA, «ESPECTROLOGÍA»: LA LÓGICA DEL ESPECTRO.

Para Derrida, la promesa emancipatoria del marxismo debe elaborarse bajo un nuevo concepto de justicia. «Quizás sea incluso la formalidad de un mesianismo estructural, un mesianismo sin religión, incluso un mesianismo sin mesianismo, una idea de justicia...».

Los críticos marxistas acogieron con satisfacción su postura de principios contra el capitalismo, y la firme colocación del marxismo en la agenda. La mayoría se quejó de que quedaba muy poco del marxismo para ofrecer resistencias útiles y calculadas al poder estatal y a la economía capitalista global. El debate continúa.

Así pues, los teóricos y filósofos que han querido utilizar la *deconstrucción* y otros enfoques han encontrado dificultades. Pero algunos lo han hecho: por ejemplo, **Gayatri Spivak**, traductora al inglés de *De la gramatología* de Derrida. En 1990 Spivak fue entrevistada por la revista *Radical Philosophy*.

USTED SE HA DESCRITO A SÍ MISMA COMO «MARXISTA FEMINISTA DECONSTRUCTIVISTA PRÁCTICO».¿QUÉ TIPO DE RELACIÓN VE USTED SOBRE ESAS COSAS?

NO HAY NINGUNA **COHERENCIA**: LA RELACIÓN ES MUCHO MÁS INTERESANTE QUE UNA MERA COHERENCIA. EL MARXISMO INVESTIGA AHORA CÓMO OPERA EL CAPITAL, EL FEMINISMO TIENE QUE VER CON TEORÍAS DEL SUJETO, DE LAS PRÁCTICAS SOCIALES DE DIFERENCIA SEXUAL. EN LO QUE RESPECTA A LA DECONSTRUCCIÓN: REALMENTE ES EL NOMBRE DE UNA FORMA DE HACER ESTAS DOS COSAS, O CUALQUIER OTRO TIPO DE COSA.

ASÍ, ¿SE PODRÍA, POR EJEMPLO, SER UN CONSERVADOR DECONSTRUCTIVO?

ESO CREO.

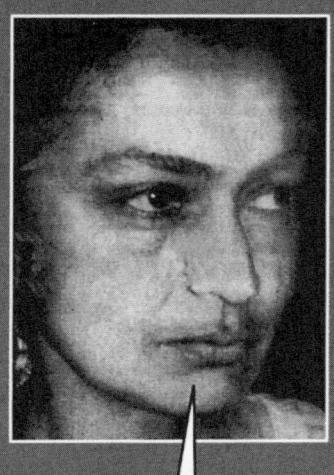

¿APRENDIÓ EL ENFOQUE DECONSTRUCTIVO Y LUEGO LO APLICÓ EN PROYECTOS CONCRETOS?

No creo. Durante un tiempo me sentí muy enfadada con la deconstrucción porque Derrida no parecía ser lo suficientemente marxista. También parecía que era un sexista. Pero eso es porque quería que la deconstrucción fuera lo que no era. Me di cuenta de su valor al reconocer sus límites: al no pedirle que hiciera todo por mí... Tengo muy poca paciencia con la gente que está tan metida en la deconstrucción que no tienen nada más importante en lo que pensar.

¿Las últimas palabras de la deconstrucción?

Estos debates políticos han sugerido que la deconstrucción, si es que ha de tener un compromiso **ético**, debe aceptar la necesidad de valores fundamentales que bien puedan ser no deconstruibles. Esta ha sido una cuestión importante para la deconstrucción en los últimos años.

Hay mucho en juego en este punto, y en las fortunas y aventuras de la deconstrucción en general. Utilizarla en campos más amplios, como ha hecho Derrida, es *más* que un «juego con el lenguaje», incluso a pesar de que insiste en que la política, la ética, la economía y la ley no pueden *negar* el juego del lenguaje.

Entonces, ¿qué futuro le depara a la deconstrucción?

La deconstrucción se ha sentenciado muchas veces. Es una «moda pasajera», «momentánea», y «se ha quedado sin energía», etc.: un discurso similar a los conjuros funerarios sobre la muerte del marxismo y, probablemente, igual de fuera de lugar.

Rechazar la deconstrucción de tal forma es rechazar precipitadamente la lógica de la escritura de Derrida, por desconocida que sea. Después de todo, la deconstrucción *siempre* parece estar operando. Y esto implica que otros movimientos, incluso si son críticos con la deconstrucción, tendrán que establecerse en campos que ya se encuentran habitados por ella.

Entonces: ¿hay un futuro para la deconstrucción?

Es necesario distinguir entre el destino de la palabra «deconstrucción» y otras cosas que pueden desarrollarse como la deconstrucción, sin el nombre. La palabra no se utilizará de forma indefinida. Se desgastará. Pero, más allá de la palabra, puede que lleve un poco más de tiempo...

Bibliografía

Jacques Derrida fue un escritor prolífico que publicó más de 37 libros y 250 ensayos, entrevistas, etc. La lista más completa es la realizada por Albert Leventure, en David Wood (ed.), *Derrida: a Critical Reader*, Blackwell, Oxford, 1992.

Para continuar leyendo:

Christopher Norris, *Derrida*, Fontana, Londres, 1987.

Geoffrey Bennington y Jacques Derrida, *Jacques Derrida*, University of Chicago Press, 1993 [disponible en castellano como *Jacques Derrida*, Cátedra, Madrid, 2007].

Las colecciones de textos cortos y extractos son una buena manera de comenzar a leer la obra de Derrida. Véase la obra de Peggy Kamuf *A Derrida Reader*, Harvester, Henerl Hempstead, 1991, y la de Derek Attridge *Acts of Literature*, Routledge, Londres, 1992.

Las entrevistas a Derrida también son útiles. La más amplia y mejor para los principiantes es **Points... Interviews, 1974-94**, Elisabeth Weber (ed.), Stanford University Press, 1995. Son entrevistas anteriores **Positions** [1972], Alan Bass (ed.), Athlone Press, Londres, 1987.

También hay dos colecciones útiles sobre política: **Institutions of Philosophy**, Harvard University Press, 1992, y **Negotiations: Writings**, Minnesota University Press, Mineápolis, 1992. Véase también **The Other Heading: Reflections on Today's Europe** [1991], Indiana University Press, Bloomington 1992.

Para una lectura de fondo de algunos de los debates...

Los debates crítico-literarios se encuentran introducidos en la obra de Christopher Norris *Deconstruction: Theory and Practice*, Methuen, Londres, 1982, y la de Jonathan Culler *On Deconstruction*, Routledge, Londres, 1983 [disponible en castellano como *Sobre la deconstrucción*, Cátedra, Madrid, 1998].

Sobre la arquitectura deconstructiva, véase *Deconstruction: Omnibus Volumen*, Andreas Papadakis *et al.* (ed.), Academy Editions, Londres, 1989.

Para el arte, véase Peter Brunette y David Wills (eds.), *Deconstruction in the Visual Arts*, Cambridge University Press, 1993. Se pueden encontrar dos relatos más breves en *What is Deconstruction?* de Andrew Benjamin y Christopher Norris, Academy Editions, Londres, 1989.

Sobre las políticas de género y la deconstrucción, véase el ensayo de Elisabeth Grosz en *Feminist Knowledge: Critique and Construct*, Sneja Gunew (ed.), Routledge, Londres 1990, y el de Diane Elam *Feminism and Deconstruction: Ms. En Abyme*, Routledge, Londres, 1994.

Se puede acceder a la obra de Gayatri Spivak a través de *A Spivak Reader*, editado por Donna Landry y Gerald MacLean, Routledge, Londres, 1996.

Para aquellos que quieran estar al día, hay disponible una revisión anual de lo que se ha escrito sobre y acerca de la deconstrucción, incluida en *The Year's Work in Critical and Cultural Theory*, Blackwell, Oxford, anualmente desde 1991.

Textos de Derrida:

«**Plato's Pharmacy**» en *Dissemination* [1972], Athlone Press, Londres, 1981 [disponible en castellano en *La diseminación*, Fundamentos, 2007].

«**Différance**» en *Speech and Phenomena* [1967], Northwest University Press, Illinois, 1973 [disponible en castellano en *El habla y el fenómeno*, Pretextos, 2011].

«**Structure, Sign, and Play in the Discourse of the Human Sciences**» en *Writing and Difference* [1967], University of Chicago Press, 1978 [disponible en castellano en *La escritura y la diferencia*, Anthropos, 2011].

«**Signature Event Context**» en *Margins of Philosophy* [1972], Harvester Press, Brighton, 1982 [disponible en castellano en *Márgenes de la filosofía*, Cátedra, Madrid, 1989].

Glas [1974], University of Nebraska Press, 1986 [disponible en castellano como *Clamor,* La oficina, Madrid, 2015].

«**Letter to a Japanese Friend**» [1983] en *A Derrida Reader*, Kamuf (ed.) (ver arriba).

«**Mallarmé**» [1974] en *Acts of Literature*, Attridge (ed.) (ver arriba).

«**Ulysses Gramophone: Hear Say Yes in Joyce**» [1987] en *Acts of Literature*, Attridge (ed.) (ver arriba).

«**Point de Folie - Maintenant l'Architecture**» [1986] en Bernard Tschumi, *Le Case Vide,* Architectural Association, Londres, 1986.

The Truth in Painting [1978], University of Chicago Press, 1987 [disponible en castellano como *La verdad en pintura,* Paidós, Barcelona, 2001].

Memoirs of the Blind [1990], University of Chicago Press, 1993.

«**Like the Sound of the Sea Deep Within a Shell: Paul de Man's War**» [1988] en la edición revisada de *Memoirs for Paul de Man*, Columbia University Press,1989 [disponible en castellano en *Memorias para Paul de Man,* Gedisa, 2009].

«**Choreographies**» [1982] en *Points... Interviews, 1974-94*, Weber (ed.) (ver arriba).

Specters of Marx [1993], Routledge, Londres, 1994 [disponible en castellano como *Espectros de Marx*, Trotta, Madrid, 2012].

Otras referencias

La afirmación de la «matriz» [p. 24] proviene de una entrevista con Peter Brunette y David Wills en *Deconstructions in the Visual Arts* (véase más arriba). Los comentarios de Derrida sobre la arquitectura [pp. 132-3, 139] los realizó en entrevistas con Christopher Norris, *Architectural Design*, v. 59 n. 1-2, 1989, y Eva Meyer, *Domus*, v. 671, abril 1986. «Pop Art's Pharmacies» de Sarat Maharaj [p. 142] se encuentra en *Art History*, v. 15 n. 3, 1992, y «On *being* bent "blue"...» de Fred Orton [p. 143] en *Oxford Art Journal*, v. 12 n. 1. A Gayatri Spivak [pp. 176-7] la entrevistaron en *Radical Philosohpy*, n. 54, 1990.

Agradecimientos

El autor y el ilustrador querrían dar las gracias a todas aquellas personas que contribuyeron a la preparación de este libro. Sin ellos, la tarea habría sido mucho más compleja y, quizás, completamente implausible. En particular, se agradece mucho la generosa y cuidadosa ayuda de Jacques Derrida, tanto en una fase temprana como tardía de la producción.

El ilustrador querría dar las gracias a Andrea Levy, Judy Groves y Óscar Zárate por el consejo y la ayuda con la investigación, y a David King por el permiso para utilizar las imágenes de Jean Genet y de Emma Goldman procedentes de las fotos de su archivo. También, querría agradecer a Ian Hooper y a Nadina Al Jarrah por el amable préstamo de equipo fotográfico.

Biografías

Jeff Collins se formó como artista y estudió historia del arte en la Universidad de Leeds. Actualmente es profesor de historia del arte en la Universidad de Plymouth, y escribe y da clases sobre cultura contemporánea y teoría crítica.

Bill Mayblin se formó como diseñador gráfico en el Royal College of Art en Londres. Es socio principal en el estudio de diseño londinense, Information Design Workshop.

Índice de nombres y conceptos

activo *vs.* reactivo, 170-1
Althusser, Louis, 65, 173
antifundamentalismo, 56
antisemitismo, 164-7
Aristóteles, 50
arte, 142-5
  arte y ceguera, 153-4
  exposición, 151-4
arquitectura, 126-41
Austin, J. L., 88-91

Barthes, Roland, 65
Bennington, Geoff, 101

Camus, Albert, 106
ceguera y arte, 153
Collège International de Philosophie,
  158
comunicación, 86-7, 93-8
  Ver también escritura; lenguaje;
  habla
comunismo *ver* marxismo
conciencia, 59
contaminación, 108, 156
contexto, 86, 94
crítica literaria, 119
cuestiones políticas, 157-9

deconstrucción, 12-3, 15, 98-105
  arquitectura, 126-36
  y feminismo, 168-72
  futuro, 178-9
  Gayatri Spivak, 176-7
  implicaciones, 156
  Paul de Man, 164-7
  política, 159-60
  posmodernismo, 141
Derrida, Jacques, 80-1
  defendido, 18
  director del *college*, 158
  leer, 23-4
  oposición, 14-7
  tesis, 22
  título honorífico, 14
  trasfondo, 21
  ¿Quién es?, 11
différance, 83-5, 87

Eagleton, Terry, 165, 167
Eisenman, Peter, 127, 134-8

enunciados constatativos, 88
enunciados realizativos, 88-90
escritura, 38-41, 45, 48, 50-2, 82
  iterabilidad, 91-7
  y literatura, 106-10
  y presencia, 61
  represión, 62
Espectros de Marx, 174
estructuralismo, 63, 65

fascismo, 161-3
Fedro, 34
feminismo, 168-72
fenomenología, 22, 23, 63-4, 64-9, 80-1
filosofía,
  críticas de la, 23
  de la conciencia *ver* fenomenología,
  francesa, 15, 17, 157
  y literatura, 20, 107-8
  preguntas, 19
firmas, 95-8
fonocentrismo, 49, 52, 74
fronteras cuestionadas, 20
fuerzas reactivas, 170-1

Genet, Jean, 120-2, 125
género, 123
Glas, 119-25, 140
Goldman, Emma, 170
GREPH, 157, 158

habla, 48-52
  contexto, 92
  y presencia, 59-60
  y signos, 69
Hartman, Geoffrey, 124
Hegel, G.W.F., 120-1, 125
Heidegger, Martin, 57, 64, 161-3
huella, la, 78
Hume, David, 53
Husserl, Edmund, 64, 68-9
Hyppolite, Jean, 21

indecidibilidad, 98
  y arte, 142, 150
  escritura, 82, 75
  Joyce, 116
  y la metafísica, 56
instituciones, 157
inteligible, lo y *différance*, 84

intención, 94-5
iterabilidad y escritura, 91-7

Jakobson, Roman, 65, 72
Johns, Jasper, 143
jora, 134-7
Joyce, James, 113-8
judíos y antisemitismo, 164-7
juego, 105
juicio estético, 147-50

Kant, Immanuel, 146-50

Lacan, Jacques, 65
lenguaje, 50, 86-91
    fenomenología, 67-9
    Saussure, 70-6
    serio/no-serio, 90
    ver también significado/
    significante
Lévi-Strauss, Claude, 65
lógica, 40
logocentrismo, 53

Mallarmé, Stéphane, 109-12
Man, Paul de, 164-7
marxismo, 173-7
memoria y arte, 153-4
Merleau-Ponty, Maurice, 64
metafísica, 53-9
muerte *vs.* vida, 27-32

neologismos, 81
Nietzsche, Friedrich, 171
Norris, Christopher, 165

oposición, 28-32, 54, 68
    Kant, 147
oposición binaria *ver* oposición
or, 110
Orton, Fred, 143

palabra, descomposición de, 111
palabras, diferencias, 77-8
paleonimia, 81-2
parergon, 148-50
pharmakon, 36-45
pensamiento, 74
    y lenguaje, 68

y habla, 59
Platón, 33, 40-1, 45-9, 134
    lenguaje, 72
política, Heidegger, 161-3
pop art, 142
posmodernismo, 141
presencia,
    y escritura, 61
    y metafísica, 57-8
    y habla, 59-60

razón, 33
Rée, Jonathan, 18
Rousseau, Jean-Jacques, 50
rúbrica, 95

sabiduría, 38
Sartre, Jean-Paul, 64, 106
Saussure, Ferdinand de, 50, 65
    lingüística, 70
sensible, lo y *différance*, 84
ser, sentido del, 57
«sí» en Ulises, 116
significado/significante, 71, 73
signos, 68-9, 71-9
signos matemáticos, 68
*Societés de Philosophie de Langue
    Française*, 86
Sócrates, Fedro, 34
Spectres of Marx, 174
Spivak, Gayatri, 176-7
suplemento, el, 42
Symposium, James Joyce, 113-4

textos, 107
    crítica, 119
Truth in Painting, The, 144
Tschumi, Bernard, 127-31, 134

Ulmer, Gregory, 124

Valéry, Paul, 106
valor extrínseco, 148
valor intrínseco, 148
verdad, 33
vida *vs.* muerte, 27-32
virus, escritura de Derrida como, 24

zombi, el, 25-32